BroadStreet Publishing Group, LLC.
Savage, Minnesota, USA
Broadstreetpublishing.com

Fuerzas para cada día para la mujer

ISBN: 978-1-4245-6352-4 (tapa piel símil)
e-ISBN: 978-14245-6363-1 (libro electrónico)

Diseño por Chris Garborg | garborgdesign.com

Compilado y editado en inglés por Michelle Winger | literallyprecise.com

Traducción, adaptación del diseño y corrección en español por LM Editorial Services | lmeditorial.com | lydia@lmeditorial.com con la colaboración de Belmonte Traductores y produccioneditorial.com

Impreso en China / Printed in China

21 22 23 24 25   5 4 3 2 1

El SEÑOR es
mi fortaleza y mi escudo;
Confío en él con
todo mi corazón.
Me da su ayuda y mi
corazón se llena de alegría;
prorrumpo en canciones
de acción de gracias.

Salmos 28:7, NTV

Introducción

Mujer, tú puedes caminar con
confianza cuando te apoyas en Dios
como tu fortaleza. Anímate con
la verdad de su Palabra a medida
que pasas tiempo con Él, mientras
reflexionas sobre estas lecturas
devocionales, pasajes bíblicos y
oraciones para cada día. Cuando
pasas tiempo con Dios, Él te llena
de paz y esperanza para que puedas
enfrentar tu día.

Permite que tu Padre celestial
te muestre que, por medio de Él,
incluso en tus momentos de mayor
debilidad, puedes ser radiante y
fuerte. ¡Cobra aliento en el amor
que Dios tiene por ti y prepárate
para conquistar un día a la vez!

Enero

Dios es nuestro amparo
y nuestra fortaleza,
nuestra ayuda segura
en momentos de angustia.

SALMOS 46:1, NVI

El libro de la vida

Tus ojos vieron mi cuerpo en gestación:
todo estaba ya escrito en tu libro;
todos mis días se estaban diseñando,
aunque no existía uno solo de ellos.

SALMOS 139:16, NVI

Hoy es el día de nuevos comienzos, y podrías estar sintiendo una mezcla de emociones. Ha de haber emoción por las posibilidades que están esperando a la vuelta de la esquina, pero también podría haber ideas abrumadoras sobre las pruebas que podrían esperarnos o el temor a lo desconocido.

Cualesquiera que sean tus pensamientos y sentimientos en este día, recuerda que tienes el Espíritu de Cristo en tu corazón y tu mente, listo para ayudarte en todas tus decisiones y a fortalecerte en cualquier desafío. Afronta este día confiada en que Él te creó y ya sabe quién eres, ¡y quién vas a llegar a ser!

¿En qué áreas necesitas valentía para encarar este año con gracia y habilidad, sabiendo que Dios está a tu lado?

Me siento atascada

¡El Señor Soberano es mi fuerza!
Él me da pie firme como al venado, capaz de pisar sobre las alturas.
HABACUC 3:19, NTV

"Las autoridades locales están reportando climatología de ventisca en la interestatal…". ¿Se te acaba de acelerar el pulso y se han tensado tus músculos? A nadie le gusta sentirse atascado, mucho menos con una tormenta de nieve y vehículos detenidos a cada lado que pudieran causar que, incluso la mujer más racional y calmada, se imagine saliendo de su auto de un salto, cruzar barrios y correr sobre los tejados al estilo de los héroes. Qué modo tan divertido de probar la tracción de tus nuevas botas de invierno. O quizá no. De todos modos, estar atascada es estar atascada, ¿cierto?

Tal vez nos sentimos atascadas en nuestras vidas diarias. Un empleo que no utiliza nuestros talentos, una relación que recibe más de lo que da, un hábito que se inclina hacia la adicción. Contrariamente a esa autopista cubierta por la nieve y convertida en estacionamiento, hay un camino por donde ir cuando las circunstancias te tengan acorralada. Dirige tu rostro hacia el Señor; Él es el camino, la verdad y la vida. Permite que Él te llene con la fuerza para moverte.

¿Dónde estás atascada en este momento? ¿En lo profesional,
en lo personal, o tal vez en tu vida de oración? ¿Hay algún área
donde simplemente has dejado de moverte?

Partes del cuerpo

*Pues, así como cada uno de nosotros tiene un solo cuerpo con muchos
miembros, y no todos estos miembros desempeñan la misma función,
también nosotros, siendo muchos, formamos un solo cuerpo en Cristo,
y cada miembro está unido a todos los demás.*

ROMANOS 12:4-5, NVI

Un diente es una parte del cuerpo muy pequeña, pero cuando comienza a doler, ¡puede ser debilitante! El cuerpo humano es sumamente fascinante. Dios ha creado todas nuestras partes para ser distintas y a la vez interdependientes.

Como mujer cristiana, eres parte del cuerpo de Cristo. Más importante que intentar distinguir qué parte eres es el reconocimiento de cuán importantes son tus dones únicos para la salud de todo el cuerpo. Fuiste creada para pertenecer a algo que es mayor que tú misma. La Biblia reconoce que Dios nos ha dado distintos dones que no son para nuestro beneficio personal. Dios diseñó nuestros dones para usarlos en armonía con otros dones.

*¿Permitirás que Dios te hable hoy sobre cómo puedes usar
tus dones para el bien de todo el cuerpo de Cristo?*

Consuelo y fortaleza

Que nuestro Señor Jesucristo mismo y Dios nuestro Padre, quien nos amó
y por su gracia nos dio consuelo eterno y una esperanza maravillosa,
los conforten y fortalezcan en todo lo bueno que ustedes hagan y digan.

1 TESALONICENSES 2:16-17, NTV

Después de estar confundidos sobre cuándo regresaría el
Señor Jesús, y después de enfrentar una persecución extrema, los
tesalonicenses necesitaban el refrigerio de la esperanza, el consuelo
y la fortaleza del Señor. Por la gracia de Dios, fueron capaces
de enfrentar cada obstáculo con confianza y fortaleza. En cada
acción y en cada palabra, pudieron escoger hacer el bien. Nada fue
demasiado para ellos porque Dios les había demostrado su amor.

Nosotras también podemos enfrentar todas las cosas y aferrarnos
a lo bueno. Siempre que nos sintamos desesperanzadas, cansadas,
débiles o confundidas, podemos encontrar todo el refrigerio que
necesitamos en Cristo Jesús. Él es nuestra esperanza y nuestra
fortaleza, nuestro consuelo eterno y nuestro amante perfecto.

¿Cómo puedes encontrar consuelo en tiempos difíciles?

Tan solo pregúntale a Él

A ti clamo, oh Dios, porque tú me respondes;
inclina a mí tu oído, y escucha mi oración.
SALMOS 17:6, NVI

Ah, el primer enamoramiento. "¿Le gusto?", preguntábamos en voz alta a nuestras amigas. "Pregúntale a él", nos respondían. "Nunca lo sabrás si no se lo preguntas", nos aconsejaban. Escribíamos una nota, la doblábamos y la pasábamos, y esperábamos con nerviosismo la respuesta. Todo ese asunto era sencillo, pero también nos daba miedo.

Ojalá las respuestas a las oraciones llegaran de forma tan simple o tan rápida: "¿Debo aceptar este trabajo? ¿Debería casarme con este hombre? ¿Intentaré tener un bebé ahora o dentro de un año? Marca sí o no". La Palabra de Dios nos anima una y otra vez a acudir a Él con nuestras preguntas, preocupaciones y deseos más profundos. Él promete responder, aunque no necesariamente en forma de marcar en un cuadradito.

¿Qué anhelas saber? Tan solo pregúntale. Él está esperando expectante tus oraciones, y te responderá. Quizá no sea hoy o incluso en mucho tiempo, pero sigue preguntándole.

Desde mi angustia

Desde mi angustia clamé al Señor,
y él respondió dándome libertad.
El Señor está conmigo, y no tengo miedo;
¿qué me puede hacer un simple mortal?

Salmos 118:5-6, nvi

Aunque las potencias del mundo pueden parecer indómitas, ninguna de las naciones de la tierra podrá prevalecer contra Dios. Cuando nos sentimos como si estuviéramos de espaldas contra la pared o las presiones del mundo recaen pesadamente sobre nosotras, podemos clamar a Dios y Él nos responderá. Él nos librará de nuestro estrecho confinamiento o de la prisión de nuestra mente o de nuestras ataduras terrenales, y nos pondrá en un lugar espacioso donde podemos correr en libertad.

Aunque Dios no nos libre de las pruebas que estamos experimentando, podemos tener la certeza de saber que Él usa todo para su gloria, y que al final, triunfaremos. El Señor está con nosotras, y nos responde cuando clamamos a Él. Nadie puede robarnos la libertad y el gozo que Dios nos da con alegría.

¿De qué tienes miedo?

Palabras oportunas

Es muy grato dar la respuesta adecuada,
y más grato aun cuando es oportuna.
PROVERBIOS 15:23, NVI

Una palabra apropiada dada en el momento correcto es muy beneficiosa tanto para quien la da como para quien la recibe. Obtener el tipo de sabiduría que esto requiere no es algo que llega mediante un estallido repentino de ingenio, sino más bien al escuchar tranquilamente a Dios.

No nos convertimos repentinamente en la respuesta durante la situación. Dios tiene las respuestas, y nosotras solo podemos dárselas a otros aprendiendo de Él. En mansedumbre, deberíamos retener nuestras propias palabras y preguntarle a Dios qué quiere decir Él a los demás a través de nosotras.

¿Alguna vez has recibido una palabra que fue tan adecuada y en un momento tan oportuno que supiste que tenía que ser la sabiduría de Dios la que la inspiró? ¿Cómo te hizo sentir eso?

Un fundamento firme

Por lo tanto, esto dice el SEÑOR Soberano:
¡Miren! Pongo una piedra de cimiento en Jerusalén,
una piedra sólida y probada. Es una preciosa piedra principal sobre la
cual se puede construir con seguridad. El que crea jamás será sacudido.

ISAÍAS 28:16, NTV

Los arquitectos saben que, para que un edificio se mantenga en pie, primero debe tener un buen fundamento. Esto significa tener que cavar hasta encontrar suelo firme y apoyar el peso poniendo unos buenos cimientos. Solo entonces se puede edificar una estructura con éxito. Tu vida cristiana es como esa torre. Dios puso el fundamento cuando le entregaste tu vida. Desde entonces, cada pizca de conocimiento, cada oración, cada versículo ha puesto los muros. Cuando lo obedeciste y le mostraste su amor a otros, las paredes tomaron forma. Lentamente se fueron levantando sólidas sobre la piedra angular de tu fe y unidas por Dios. Esas paredes mantienen fuera al enemigo; no pueden ser rotas ni sacudidas.

Puedes ser valiente en tus relaciones con otras personas. Comparte lo que sabes acerca del Señor y lo que Él ha hecho en tu vida. No tengas miedo de derrumbarte cuando el mundo se burle de ti. Él es tu fundamento firme.

¿Sientes la fortaleza de Dios cuando tienes miedo? ¿Recuerdas una ocasión en la que su poder actuó a través de ti?

Arrepentimiento

Pues la paga que deja el pecado es la muerte,
pero el regalo que Dios da es la vida eterna
por medio de Cristo Jesús nuestro Señor.
ROMANOS 6:23, NTV

Como seres humanos que somos, a veces juzgamos erróneamente el pecado según una escala. Sin embargo, Dios no ve la iniquidad de ese modo, ya que cada imperfección nos separa de un Dios perfecto. Deberíamos refrenarnos de comparar el pecado, de juzgar a otros o de devaluar la gracia que se nos ha dado.

No hay nadie a quien la gracia de Dios no pueda alcanzar, si está dispuesto a recibirla. Como cristianas, deberíamos admitir con valentía nuestra necesidad de la gracia de Dios y estar dispuestas a extender gracia a los demás, al margen de cómo pesemos y midamos su pecado.

¿Cómo te llevó la gracia de Dios al arrepentimiento?

Tu destino

Las cosas que planeo no ocurrirán tan pronto, pero con toda seguridad
ocurrirán. Aunque pienses que se demoran en cumplirse, no te desesperes.
¡Todo acontecerá en el día que he señalado!

Habacuc 2:3, NBV

Al escuchar a un talentoso cantante o al ver a un magnífico
atleta, estas personas, aparentemente sin esfuerzo alguno en sus
actividades, parecen haber nacido para esas cosas. Pensamos que ese
es su destino. *¿Cuál es mi destino?*, puede que nos preguntemos.
Yo nací para ¿hacer qué?

Si crees o no que tienes un propósito específico, Dios sabe que sí lo
tienes. Y Él sabe cuál es, y cuánto tiempo tardarás en cumplirlo, no
importa cuántas salidas en falso y malas decisiones hayas tomado. Él
está profundamente interesado en los destinos de quienes lo llaman
Padre, así como lo está en el destino final de todo el mundo.

¿Estás esperando a que Dios cumpla o revele tu destino?
Consuélate en la escritura de hoy, y dale gracias por su tiempo
perfecto. Si la espera es difícil, pídele ayuda.

Un nombre imponente

Pagó el precio del rescate de su pueblo
y estableció su pacto para siempre.
¡Su nombre es santo e imponente!

SALMOS 111:9, NVI

Al despertarte una mañana más, ¿te sientes libre de cargas o cansada por ellas? Tal vez estés experimentando algún momento álgido y las mañanas sean una alegría, pero si estás en el valle, las mañanas pueden ser difíciles.

Sea cual sea tu experiencia en este momento, recuerda que Dios te ha redimido. Él no solo liberó a los israelitas, sino que también liberó a toda la humanidad e hizo que la promesa de su gracia perdure para siempre. Permite que este pacto te recuerde cuán imponente es Él en este día para que seas capaz de experimentar la luz de esta nueva vida.

¿Cómo puedes compartir las buenas noticias de la redención de Dios con los que te rodean?

En el calendario

Si tan solo tuviera alas como una paloma, ¡me iría volando y descansaría!
SALMOS 55:6, NTV

En la época de nuestros abuelos, la vida no parecía tener un ritmo tan acelerado como el de hoy. De hecho, ellos usaban el porche delantero de su casa, visitaban a los vecinos, familiares y amigos, y salían a dar un paseo en automóvil los domingos en la tarde para disfrutar del paisaje. Y eso a pesar de que entonces no tenían todos los aparatos para ahorrar trabajo que tenemos en la actualidad, y que, de hecho, no parecen estar ayudándonos mucho a que tengamos vidas más descansadas.

Nuestros calendarios están llenos de compromisos. Corremos de un lugar a otro, molestas de tardar más de un minuto en la ventanilla de comida rápida o por la luz roja del semáforo que no cambia tan rápido como esperamos. A mitad del día, estamos tan cansadas que creemos que no llegaremos al final del día. Tenemos que planificar el descanso, así como lo hacemos con las demás cosas en nuestra vida, porque si no, no sucederá. Sé intencional en apartar un tiempo para pasarlo con Dios. Es ahí de donde proviene el verdadero refrigerio y la fuerza, y esos momentos harán que el resto de tu día sea mucho mejor.

¿Te sientes culpable por dormir una siesta o por descansar?
¿Por qué sí o por qué no?

Dame gozo

Hasta ahora nada habéis pedido en mi nombre; pedid, y recibiréis,
para que vuestro gozo sea cumplido.

JUAN 16:24, RVR1960

Las fiestas de cumpleaños son muy divertidas. Imagínate todo el
bombo y platillo de juegos, sombreros de fiestas, canciones y pastel.
Oh, y la parte más emocionante: ¡los regalos! Lo más destacado
de cada fiesta de cumpleaños es cuando llega el momento de abrir
los regalos. La mirada de alegría en la cumpleañera al recibir cada
regalo es memorable. ¿A quién no le gusta recibir regalos?

La definición de un regalo es algo dado sin esperar nada a cambio.
Dios quiere darte un regalo maravilloso: el gozo. ¿Cómo lo
consigues? Él no quiere que entres en un regateo de precios. Él
no quiere que sacrifiques nada. Solo quiere que se lo pidas. Así de
sencillo. Cuando no te sientas digna del gozo, sé valiente y pídeselo a
Dios de todas maneras.

¿Hay cosas en tu vida que no te atreves a pedirle a Dios?
¿Puedes dar un paso de fe y pedirle gozo?

Súper feliz

¡Anda, come tu pan con alegría! ¡Bebe tu vino con buen ánimo,
que Dios ya se ha agradado de tus obras!
ECLESIASTÉS 9:7, NTV

Carolina era siempre muy divertida. Iluminaba el lugar cuando entraba, y tenía una de esas personalidades que hacen que todos a su alrededor se sientan bien. Era un sol para todo el que la conocía, pero había un momento en particular que a todos sus amigos les encantaba. No sucedía muy a menudo, pero cuando sucedía, era digno de contemplar. Verás, cuando Carolina estaba muy cansada, no se ponía de mal humor, sino que se volvía súper feliz. Se reía hasta que las lágrimas le corrían por sus mejillas y no podía casi ni respirar. Todos se reían con ella. No podían evitarlo. Su risa era contagiosa.

La Biblia dice que el corazón alegre es como medicina para nosotras. Quizá tú también puedas ayudar a compartir la alegría y el gozo con otros que necesiten una dosis importante. Visita a alguien que esté confinado o a una pareja de ancianos. Anima a alguien que está pasando por un mal momento. Lleva algo de luz a la vida de alguna mamá soltera. Esos momentos juntas servirán de descanso en sus corazones y almas, y harán lo mismo en ti.

¿Por qué la risa te ayuda a dormir mejor? ¿Cómo tener
un espíritu gozoso puede contagiar a otros?

Esfuerzos exitosos

Que el favor del Señor nuestro Dios esté sobre nosotros.
Confirma en nosotros la obra de nuestras manos;
sí, confirma la obra de nuestras manos.

SALMOS 90:17, NVI

Es probable que tengas que trabajar de algún modo hoy. Quizá te dirijas ahora a tu trabajo, a ser voluntaria en un proyecto comunitario, o te dispongas a limpiar tu casa. A veces, nuestra lista de trabajos y tareas parece interminable, ¡y nos preguntamos por qué estamos atascadas en esta rutina de mantenimiento!

Anímate a pedirle a Dios lo mismo que le pide este escritor: convertir tu trabajo en algo significativo. Ni siquiera sientas que tu trabajo no tiene un propósito. De algún modo, trabajar te está beneficiando a ti o a las personas que amas. Intenta enfrentar tu trabajo con gozo hoy.

¿Cómo puede establecer Dios el trabajo de tus manos hoy?
¿Cómo puede darte una buena actitud y una mente y un cuerpo resistentes para terminar el día?

Ámense unos a otros

Un mandamiento nuevo os doy: Que os améis unos a otros;
como yo os he amado, que también os améis unos a otros.

JUAN 13:34, RVR1960

Cristo vino no solo para librarnos de la muerte, sino también para salvarnos de nuestros hábitos destructivos. Él nos demostró la manera de vivir y luego nos pidió que siguiéramos su ejemplo. Nos enseñó las paradojas perfectas entre su reino y nuestra naturaleza egoísta, y nos invitó a vivir para otros en lugar de hacerlo para nosotras mismas. Nos amó con un amor implacable, y nos dijo que amáramos a otros del mismo modo.

Amarnos unos a otros es la marca distintiva de la vida cristiana. No podemos afirmar haber conocido el amor de Cristo o haber escuchado sus enseñanzas si no sabemos amarnos unos a otros, porque ese es el fundamento de la Biblia. Dios es amor, y sus seguidores caminarán como Él lo hace.

¿Crees que las Escrituras repetirían la importancia de amar a la gente si fuera fácil? ¿A quién te resulta difícil amar?

Confianza externa

*Así que acerquémonos confiadamente al trono de la gracia
para recibir misericordia y hallar la gracia que nos ayude
en el momento que más la necesitemos.*

HEBREOS 4:16, NVI

La confianza se puede definir de dos formas. Una es desde adentro: nos sentimos seguras de nosotras mismas por nuestra capacidad. La otra es externa: creemos que podemos confiar en que alguien hará lo que dijo que haría. No podemos ser valientes si no tenemos confianza, pero la confianza que necesitamos no viene de la primera definición. No es sabio hacer aparecer sentimientos de valentía a través de la autoconfianza en nuestras propias capacidades, porque inevitablemente nos fallarán.

Para tener éxito en la vida, nuestra confianza debe proceder de una confianza firme en Jesucristo, en lo que hizo por nosotras en la cruz, y en que continúa intercediendo por nosotras. Nuestra confianza no viene de nuestro propio poder, sino del poder dado por Cristo. Aborda cada situación hoy sabiendo que tienes un acceso inmediato e importante (vip) al trono de Dios, y que hay un almacén abundante de gracia y misericordia esperándote.

*¿En qué pones tu propia confianza que tengas que
intercambiarla por la confianza en Dios hoy?*

Escoge la compasión

Pero tú, Señor, eres Dios clemente y compasivo,
lento para la ira, y grande en amor y verdad.
SALMOS 86:15, NVI

Piensa en los israelitas vagando por el desierto: Dios los ha sacado de la esclavitud y va delante de ellos en una columna de fuego, proveyendo para cada una de sus necesidades y protegiéndolos. ¿Qué le ofrecen ellos a cambio? Quejas. Escucha los salmos de David, el hombre conforme al corazón de Dios, cuando pone sus cargas a los pies de Dios, alabando su majestad y poder. Pero ¿qué hace David cuando quiere lo que no puede tener? Roba, asesina y miente. Pablo, quien dio su vida por predicar el evangelio y amaba a las personas de todas partes, comparte el asombroso regalo de la gracia de Dios tanto con judíos como con gentiles. Pero ¿quién era antes de su conversión? Un asesino rencoroso y perseguidor de cristianos.

Dios ama a sus hijos independientemente de sus pecados, su pasado y sus errores. Él no nos trata de acuerdo a lo que merecemos, sino acorde a su gran amor por nosotras. ¿Podemos decir lo mismo sobre cómo tratamos nosotras a quienes nos rodean?

¿Eres compasiva, lenta para la ira y llena de amor?
¿O te ofendes, eres impaciente y te irritas?

En cualquier situación

No lo digo porque tenga escasez, pues he aprendido a contentarme,
cualquiera que sea mi situación.

FILIPENSES 4:11, RVR1960

El contentamiento no es una respuesta natural cuando nos
falta algo; es una mentalidad que se aprende confiando en Dios.
Cuando pasamos por épocas de estar en necesidad, aprendemos
más íntimamente lo gratificante que es Dios y cómo la fe en Él es
realmente lo que no lleva en medio de los tiempos más difíciles.

En vez de acudir primero a respuestas mundanas, deberíamos
aprender a tener contentamiento y confianza. Cuando las
circunstancias no pueden robar nuestro contentamiento por
nuestra confianza en el cuidado de Dios, eso nos llena de
verdadero gozo y paz.

¿Cómo puedes practicar el contentamiento hoy?

Sé valiente

Ya te lo he ordenado: ¡Sé fuerte y valiente! ¡No tengas miedo ni te desanimes! Porque el Señor tu Dios te acompañará dondequiera que vayas.
JOSUÉ 1:9, NVI

¡Eres una valiente! Como cristiana, puedes ser fuerte y estar segura de quién eres como hija de Dios. Eres una mujer que muestras compasión a los necesitados, amas a los que te rodean y tienes pensamientos puros. Eres amable y generosa; dices la verdad y no te comparas con otras personas. Cuando el enemigo envía sus flechas hacia ti, te mantienes firme, estás buscando persistentemente la ayuda de tu Padre celestial. Lees la Palabra regularmente y recuerdas las promesas de Dios y le obedeces. Ansías el cielo y estás agradecida por tu salvación.

La preocupación y la ansiedad huyen, porque le entregas tus problemas al Señor. Tienes la valentía de ser osada al proclamar tu fe. Dichosa tú que en tiempos de temor y desánimo tienes al Señor para ayudarte y guiarte todos tus días. ¡Eres hija del Rey del universo!

¿Te ves reflejada en estas descripciones? ¿En qué confías?
¿Son éstas áreas en las que tienes que trabajar?

Arca de tu poder

Levántate, oh Jehová, al lugar de tu reposo,
tú y el arca de tu poder.
SALMOS 132:8, RVR1960

David fue un adorador apasionado, ¡pero también tenía una gran razón para danzar! El arca del pacto estaba de nuevo en su posesión, y tener la presencia del Señor con él significaba que el favor de Dios estaba con David y su reino. Tenía una razón enorme para celebrar.

Tú también tienes una razón para celebrar. La presencia de Dios está contigo, Él está en tu corazón, y eso significa que su favor está contigo. Danza delante del Señor ¡como si nadie te viera hoy! Dale gracias a Dios por enviar a su Hijo, Jesús, quien abrió un camino para que su presencia pudiera vivir dentro de ti.

¿De qué manera el gozo de saber que tienes la fortaleza, el poder y la gracia de Dios en tu interior te da un brío extra en tus pasos?

Este es el día

Este es el día que hizo el Señor;
nos gozaremos y alegraremos en él.
Salmos 118:24, NTV

Cuando el invierno cae de lleno sobre nosotras, no se está tan caliente afuera, y no hay mucha vida en la naturaleza. Si vives donde el invierno es muy frío, quizá estés cansada de las botas, los sombreros, las bufandas (bueno, quizá no), y de los abrigos gruesos y sin forma. Mirar afuera puede que no te haga sentirte particularmente alegre.

La sencilla verdad es que Dios hizo este día, y lo hizo contigo en él. Al comenzar hoy tu día, ya sea con emoción o con temor, anímate sabiendo que este es un día que el Señor hizo con propósito para ti. ¡Sácale el máximo partido!

Incluso si no estabas muy contenta por salir de tu cama, ¿cómo puedes encomendar tu día a Dios y darle gracias por crearlo?

Huesos doloridos

Tenme compasión, Señor, porque desfallezco;
sáname, Señor, que un frío de muerte recorre mis huesos.
SALMOS 6:2, NVI

¿Te costó ponerte en pie esta mañana? Quizá estaba demasiado oscuro, te acostaste tarde, ¡o tus huesos te dolían demasiado como para querer moverte! Nuestro estilo de vida no nos permite quedarnos en la cama todo el tiempo que necesitamos, hay niños, trabajos o clases que atender y esas cosas no te esperan.

Somos dadas a acostarnos demasiado tarde, a olvidarnos de desayunar y, por lo general, a ir deprisa de un lado para otro. Esto puede hacer que al final del día estemos cansadas y desfallecidas. Pídele energía al Señor, y después toma algunas decisiones sabias en cuanto a tus horarios para que puedas soportar el día que tienes por delante.

Cuando te sientes cansada y dolorida,
¿cómo buscas sabiduría para hacer las cosas más
saludables para tu cuerpo y tu mente?

Abraza la debilidad

Humillaos delante del Señor, y él os exaltará.
SANTIAGO 4:10, RVR1960

¿Alguna vez de repente te das cuenta de tu propia y notoria debilidad? ¿Eres consciente de que, si fuera por tus propias buenas obras, no tendrías ninguna probabilidad de conseguir la salvación? Deberíamos encontrar un gran consuelo en el hecho de que no somos nada sin la salvación en Cristo Jesús.

Por fortuna, Dios nos abrió un camino para estar unidas a Él, al margen de nuestra impaciencia, egoísmo, enojo y orgullo. Dios se interesa mucho por nosotras y nos sostiene pacientemente con un amor firme, fiel y ferviente. Sorprendentemente, su amor incluso va más allá hasta abrazar y transformar nuestra debilidad cuando se la entregamos a Él. La debilidad no es algo que temer o esconder; la debilidad sometida a Dios permite que el poder de Cristo actúe en nosotras y a través de nosotras. Cuando conocemos nuestra debilidad, somos más conscientes de nuestra necesidad de su fortaleza. Cuando nos situamos en una posición de humildad y le pedimos a Él que sea fuerte donde nosotras somos débiles, Él se complace en ayudarnos.

¿Cómo puedes someter tu debilidad a Dios para que,
por medio de Él, tú puedas ser fuerte?

Ten la seguridad

Sepan que el Señor honra al que le es fiel;
el Señor me escucha cuando lo llamo.

SALMOS 4:3, NVI

¿Has visto a esas personas que parecen estar tan seguras de todo lo que dicen y hacen? ¿Deseas a veces ser tan segura como ellos? Tener seguridad no es lo mismo que ser orgullosa o arrogante. Es una paz interior y aceptación de quién eres, y es algo que no puede ser sacudido por las opiniones y los juicios externos.

Este versículo rebosa confianza: "el Señor me escucha cuando lo llamo". Esta confianza solo puede venir de alguien que está tan seguro de lo mucho que es aceptado y amado, que sabe que su Dios le oirá. Que esta sea tu confianza hoy y siempre.

¿Cómo puedes saber que Dios te oye cuando lo llamas?

Una bondad infalible

Y he aquí que yo estoy para entrar hoy por el camino de toda la tierra;
reconoced, pues, con todo vuestro corazón y con toda vuestra alma, que no ha
faltado una palabra de todas las buenas palabras que Jehová vuestro Dios había
dicho de vosotros; todas os han acontecido, no ha faltado ninguna de ellas.

JOSUÉ 23:14, RVR1960

¿Recuerdas la primera cosa en la que fallaste? Tal vez fue un
examen en la escuela, una dieta, una entrevista de trabajo, o incluso
una relación. El fracaso es algo difícil de admitir, especialmente en
una cultura que valora el éxito externo y la apariencia. A menudo
oímos decir que el éxito viene de muchos fracasos, ¡pero realmente
solo se lo oímos decir a personas exitosas!

Cuando Josué estaba "avanzado en años", recordó a los israelitas todo
lo que Dios había hecho por ellos. Aunque ellos habían sido infieles
a Dios muchas veces, Dios permaneció fiel, y ellos se convirtieron en
una gran nación que nadie pudo hacer frente. Dios tenía un plan y un
propósito para la nación de Israel, y mediante su poder y misericordia,
Él aseguró que esos planes tendrían éxito. Del mismo modo, Dios
tiene un propósito para tu vida, y aunque quizá tú falles, Él no fallará.

*¿Cómo puedes aprovechar la oportunidad hoy de someter
tu corazón a la voluntad de Dios?*

Locura

En paz me acuesto y me duermo,
porque solo tú, SEÑOR, me haces vivir confiado.
SALMOS 4:8, NVI

¿A veces tienes momentos en los que logras hacer muchas cosas, y por unos minutos te sientes como la Mujer Maravilla? Por desgracia, esos momentos son poco frecuentes, principalmente porque tenemos nuestras agendas tan llenas de cosas que es ridículo. Podemos hacerlo todo y hacerlo bien, ¿verdad? No importa si hemos estado enfermas toda la noche. No importa si llega una emergencia familiar o si una tormenta de nieve o un huracán sopla en la ciudad. Lo haremos todo o moriremos en el intento. ¿Será una locura nuestra?

¿Por qué nos ponemos unas expectativas tan irreales sobre nosotras mismas? ¿Qué nos hizo pensar incluso que podríamos hacer el trabajo de dieciséis personas? En un solo día, con resultados perfectos. Y, además, con los labios pintados. Es tiempo de tener un momento para acudir a Jesús. Literalmente. Lleva tu calendario, horarios y listas y entrégaselos a Él. Pídele que Él sea el que guarde tu agenda, que te muestre lo que Él quiere que hagas, y lo que no hagas.

¿Te cuesta decir no cuando alguien te pide que hagas algo?
¿Puedes empezar a orar antes de responder?

Gracia prometida

De todo corazón busco tu rostro;
compadécete de mí conforme a tu promesa.

SALMOS 119:58, NVI

¿Te despiertas en la mañana llena de preocupaciones por decisiones que tienes que tomar? A veces nuestro corazón puede estar agitado porque nos falta saber qué es lo correcto que deberíamos hacer.

Cuando Dios parece ausente en las respuestas, decide verlo como una invitación a buscarlo más. Busca su favor con todo tu corazón. Como dice este versículo, Él ha prometido compadecerse, así que anímate a continuar buscando su ayuda. Busca su favor hoy aunque no sepas exactamente lo que quiere que digas o hagas.

¿Cómo puedes decidir confiar en las promesas y en la gracia de Dios sabiendo que, aunque no estés segura, Dios sí lo está?

Prospera en el invierno

*Todo tiene su tiempo, y todo lo que se quiere
debajo del cielo tiene su hora.*

ECLESIASTÉS 3:1, RVR1960

El invierno puede ser un tiempo de inactividad. Para los granjeros, el invierno es su época lenta. Para otros, la nieve, la lluvia y el frío hacen que sea difícil estar afuera. Pero la tranquilidad y la lentitud no significa que no esté ocurriendo nada. En la naturaleza, las cosas siempre ocurren debajo de la superficie. Las aves siguen comiendo, los animales siguen durmiendo, y las truchas siguen nadando debajo del hielo.

A veces, aminorar la marcha puede ser una de las cosas más poderosas en la vida de un creyente. Es una declaración de confianza de que Aquel que nos creó sigue trabajando y peleando por nosotras. Permitimos que el trabajo y las semillas que Él ha plantado en nosotros crezcan y echen raíces más fuertes en nuestro corazón. A veces, en nuestra quietud, conseguimos las mayores victorias sobre nuestros gigantes, porque exhibimos confianza en que Dios sigue moviéndose poderosamente.

*¿Puedes creer que Dios está obrando, incluso en invierno,
o te has convertido en alguien que siempre se queja?*

Quietud

Que todo mi ser espere en silencio delante de Dios,
porque en él está mi esperanza.
SALMOS 62:5, NTV

El anochecer se asienta sobre una gélida noche invernal. Una niebla gris lo cubre todo, y la nieve comienza a caer: nieve fría, a ráfagas… de la que se queda. La nieve sigue cayendo hasta que apenas puedes ver a treinta metros delante de ti. En los bosques hay silencio; solo se oye el murmullo del viento, y lo único que puedes ver es nieve y árboles. Un manto blanco de nieve restaura la tierra, y mientras cae, te restaura.

A veces tenemos que salir del ruido y del caos de nuestras propias cuatro paredes. Tenemos que adentrarnos en la nieve o en el sol o en la brisa. Tenemos que estar solas, en silencio, y organizar el desorden de nuestra mente y nuestro corazón mientras estamos de pie en el santuario natural de Dios. Hay mucho poder en la quietud de conocer a Dios mientras estás serena en el mundo que Él creó. La ocupación de tu vida siempre estará ahí, pero nunca olvides apartar los momentos que puedas para detenerte y conocer a tu Dios.

¿Te das cuenta de que los momentos que pasas con Dios
te ayudan a encontrar refrigerio y fortaleza para
abordar lo que pueda venir después?

Nuestro guardián

No imiten las conductas ni las costumbres de este mundo, más bien dejen
que Dios los transforme en personas nuevas al cambiarles la manera de
pensar. Entonces aprenderán a conocer la voluntad de Dios para ustedes,
la cual es buena, agradable y perfecta.

ROMANOS 12:2, NTV

Cada día nos vemos rodeadas de mucho ruido procedente del
mundo exterior. Los mensajes son fuertes e incesantes: cómo debemos
vernos, actuar y pensar. La cultura tiene su propio conjunto de reglas
e ideales, muchas de las cuales difieren de las de Dios. Las influencian
nos llegan de muchas formas. La presión social, los medios, la política
e incluso las amistades cercanas. Procesamos un gran volumen de
información cada día. Los ideales pueden influenciar nuestro carácter
y nuestras decisiones. Pueden modelar quiénes somos y en lo que
creemos. Pueden apagar la voz de Dios.

Es muy importante centrarnos en Cristo y rodearnos de influencias
positivas. Tenemos que sumergir nuestro corazón en su Palabra,
para que Él pueda transformar nuestra mente con la verdad. Y
nosotras podemos aprender a descifrar lo que es de Él y lo que no.

¿Quién está influenciando tus pensamientos hoy?
¿Está tu mente protegida de la influencia del mundo
exterior al estar inmersa en la Palabra de Dios?

Febrero

El nombre del Señor es una fortaleza firme;
los justos corren a él y quedan a salvo.

Proverbios 18:10, NTV

Escoge el gozo

Corazón alegre, cara feliz; corazón enfermo, semblante triste.

PROVERBIOS 15:13, DHH

Todas experimentamos una profunda tristeza y decepción en la vida. A veces puede parecer que tu vida está llena de ello, que no encuentras un respiro. Anímate cuando experimentes pruebas y parezca que nada te sale bien. Promesas y relaciones rotas, decepciones que tal vez te parezcan un tema interminable. Nuestro Padre nos ha prometido gozo. Él entiende el gozo y la tristeza más de lo que nos imaginamos. La Palabra de Dios dice que, cuando estamos tristes, nuestro espíritu está quebrantado. No dejes que todo se quede ahí. ¡Encuentra el gozo! ¡Busca el gozo! ¡Escoge el gozo!

En la Biblia, la palabra *gozo* se menciona más de 250 veces. Cuando te sientas quebrantada, puedes escoger el gozo, el gozo del Señor, y será la fuerza que necesitas. Cuando te falte la alegría, ¡escoge el gozo del Señor! Cuando estés herida, busca el gozo del Señor y cambia valientemente de dirección. Haz una nueva amiga. Ayuda a una vecina. Págale el café a una desconocida. Escoge el gozo: la fortaleza que necesitas para reparar tu espíritu quebrantado.

¿Puedes ver cómo ayudar a otros podría darte gozo? ¿Puedes ver más allá de tus propias circunstancias para ser una bendición para alguien con un espíritu quebrantado?

Amor que se desborda

Que el Señor los haga crecer para que se amen más y más unos a otros,
y a todos, tal como nosotros los amamos a ustedes
1 TESALONICENSES 3:12, NVI

Una niña de cinco años, Elsa, miraba la gran bañera que había en el baño de su mamá. Mamá le había dicho a Elsa que necesitaba un baño. No le había dicho un baño de burbujas, pero Elsa no pensó que a ella le importara. Abrió el grifo y echó un bote entero de jabón de baño bajo el chorro del agua: una garrafa como de unos cuatro litros. Sus ojos se abrieron como platos al ver la bañera llena de burbujas. Esto iba a ser maravilloso. Su mamá nunca había conseguido tantas burbujas en otras ocasiones. Elsa corrió para buscar lo que necesitaba para su baño, pero se distrajo.

Cuando volvía dando saltitos por el pasillo que conducía al cuarto de sus padres, se quedó anonadada y con la boca abierta. Había burbujas saliendo del baño y llenando el suelo de la habitación. La inundación de agua y burbujas que provocó Elsa definitivamente no estaba planeada. Pero ¿sabes qué? Dios quiere que tengamos una inundación en nuestra vida. Quiere que vivamos tan cerca de Él que su dulzura se desborde sobre nosotras. Y después quiere que nuestro amor aumente y se desborde para inundar las vidas de otras personas.

¿Por qué a veces dudas de hablarles a otros de Jesús?
¿Te hace estar ansiosa?

Te lo dije

Yo anuncio desde el principio lo que va a pasar al final, y doy a conocer el futuro desde mucho tiempo antes. Les aseguro que todos mis planes se cumplirán tal como yo quiero.

ISAÍAS 46:10, TLA

Dios no se retracta de lo que dice que sucederá. Él no exagera ni oculta un secreto a los que ordena que lo sepan. Sabemos que Él es todopoderoso, y sabemos que es justo para declarar su voluntad y cumplirla. Nuestra obligación y respuesta es adorarlo y hacer su voluntad.

Las palabras de Dios son misericordiosas para darnos la osadía para responder. Sabemos que Jesús nos ama, y sabemos que está firme en su resolución de ser Señor. No es que podamos votar; Él es Señor, y siempre estará a cargo, aunque no obstante tenemos libre albedrío. Es nuestro gozo y privilegio afirmar y mantener que Él es Señor de lo que escogemos hacer en nuestro corazón. Que nuestras respuestas se alineen con lo que Dios escoge, dice y hace. Jesús es nuestro ejemplo en esto.

¿Qué necesitas hacer para entender o cumplir la voluntad de Dios para ti? ¿Cuál es tu paso de acción en este momento?

En comunidad

*¡Aleluya! Alabaré a Jehová con todo el corazón en la compañía
y congregación de los rectos.*

SALMOS 111:1, RVR1960

Dios tenía un propósito que cumplir a través del pueblo de Israel. Él quería que esta comunidad de personas fuera parte de la revelación de su plan para la humanidad. Ellos tenían que reconectar unos con otros para poder estar unidos en su pacto con el único Dios verdadero.

Hay algo especial cuando nos reunimos con nuestra familia y amigos en esas ocasiones en las que todos podemos estar juntos en un lugar. Cuando estamos juntos con personas que comparten los mismos valores, historias e incluso un humor similar, eso hace que la vida sea más significativa. Piensa en la comunidad que sientes más cercana y haz el esfuerzo de conectar con ellos hoy. Dios no quiere que vayamos solas por la vida. Hay fortaleza y unidad en la reunión de personas que se aman unas a otras.

*¿Cómo puedes conectar con otros para que puedan disfrutar
y animarse unos a otros hoy?*

Un corazón confiado

No les teme a las malas noticias; porque su corazón está firme,
confiado en el Señor.

SALMOS 112:7, PDT

Dios te ha pedido una cosa concreta. A medida que empiezas
a actuar en consecuencia al llamado que Él te ha dado, no puedes
esperar que el camino esté libre de oposición. Quizá Dios te ha pedido
que des un paso y adoptes un niño, comiences un negocio, plantes
una iglesia, lleves a los niños a la escuela pública, te mudes o dirijas
un grupo pequeño. Las posibilidades son interminables, pero el fin es
el mismo: todo para la gloria de Dios. Al moverte hacia lo que Dios
quiere que hagas, las fuerzas de las tinieblas retrocederán.

¿Puedes calmar tu corazón cuando las personas susurran a tus espaldas
o critican tus acciones? ¿Puedes calmar tu corazón cuando fracasas
durante el camino? ¿Puedes calmar tu corazón cuando otros te fallan?
Nuestro corazón puede ser firme como una roca cuando confiamos
en que Dios está obrando y actuando a nuestro favor. Si Él ha puesto
algo en tu corazón hoy, no dejes que el temor a lo que podría ocurrir se
interponga en tu camino. Sal en fe y ancla tu corazón en el Señor.

*¿Qué situaciones del tipo "y si…" tienes que silenciar
y llevar delante de Dios hoy?*

Bajo su sombra

Como eres mi ayudador, canto de alegría
a la sombra de tus alas.
SALMOS 63:7, NTV

Dios es nuestro mayor animador. Él nos ve cuando levantamos el vuelo en un llamado que Él ha puesto delante nuestro, y nos alienta tiernamente, urgiéndonos a seguir adelante y animándonos.

El Dios del universo, el Creador de todo, el que vive en el trono de justicia, nos conoce y nos anima. Qué privilegio y honor saber que, cuando Él nos pone en un camino, no dejará que nos desviemos sin primero urgirnos a avanzar su misión. Puedes caminar segura en la sombra de sus alas cada día porque Él es tu escudo y tu protector.

¿Cómo te ayuda Dios en tiempos de dificultad
y en tiempos de gozo?

En tu mano

Alaben el nombre del Señor, pues él dio
una orden y todo fue creado.
SALMOS 148:5, DHH

Dios quiere usarte de muchas formas distintas, estar ahí en tu vida cotidiana o en una misión específica en la que Él te ponga. Dios, sin embargo, no quiere que lo intentes y seas como otra persona en tu forma de abordar las cosas. No tienes que hablar como una predicadora famosa o dirigir un estudio bíblico como tu amiga. No tienes que cantar en la banda para tener influencia.

¡Dios necesita que seas tú misma! Él quiere que te pongas las cosas que te hacen ser tú para hacer su obra. David no se pudo poner la armadura de Saúl; solo necesitaba su atuendo de cada día para hacer su trabajo. Ponte tus propios zapatos al caminar en tus tareas de hoy y siéntete orgullosa de ellos. Dios te ha dado una personalidad concreta, un conjunto de experiencias, estilo y oportunidades que son particularmente tuyas.

¿Cómo puedes estar cómoda con la persona en que te has convertido y usar tu yo particular para llevar a cabo la voluntad de Dios?

Amos del mundo

Lo entronizaste sobre la obra de tus manos,
todo lo sometiste a su dominio.

SALMOS 8:6, NVI

La creación de Dios es hermosa y asombrosa, pero Él puso un esfuerzo extra especial al crear a la humanidad. No solo fuimos creados con belleza y complejidad, sino que también se nos ha dado el estatus de seres especiales, porque hemos sido creados a imagen de Dios.

Cada parte de la naturaleza revela algo de Dios, y nosotros somos el pináculo de esta revelación mostrada perfectamente a través de Jesús. Si te sientes insignificante o débil esta mañana, recuérdate a ti misma que Dios ha escogido mostrarse a través de ti. ¡Esa sí es una tarea importante!

¿Cómo puedes darle gracias a Dios por escoger revelarse a través de ti? ¿Cómo puedes ser valiente en tu fe hoy, sabiendo que Dios te ha creado con un propósito importante en mente?

Gobernadas con gracia

En lo que atañe a la ley, esta intervino para que aumentara la transgresión.
Pero, allí donde abundó el pecado, sobreabundó la gracia, a fin de que, así
como reinó el pecado en la muerte, reine también la gracia que nos trae
justificación y vida eterna por medio de Jesucristo nuestro Señor.

ROMANOS 5:20-21, NVI

La ley de Dios fue dada para que los seres humanos pudieran
ver cuán pecadores eran, pero en su lugar, comenzamos a pecar
cada vez más. Tal vez pienses que Dios se debía haber rendido con
nosotros, pero en cambio nos dio gracia en abundancia. Tomamos
una decisión terrible tras otra, y aun así Él nos sigue amando y
mostrando su misericordia.

Aunque merecemos ser castigadas por nuestros errores, Dios
gobierna con su maravillosa gracia. Jesús murió para que
recibiéramos el don de la vida eterna en el cielo. Piensa en todos
los sacrificios que haces por otros, y después considera lo que sería
sacrificarte para que otros pudieran vivir. ¡Esto es el regalo de toda
una vida!

*Pasa un tiempo dándole gracias al Señor por el mayor regalo
que te ha dado hoy. ¿Qué sacrificios ha hecho Él por ti?*

Objetos perdidos

Así también, ustedes se afligen ahora; pero yo volveré a verlos, y entonces su corazón se llenará de alegría, una alegría que nadie les podrá quitar.

Juan 16:22, dhh

La tristeza es algo que nadie quiere experimentar, pero mientras vivamos en un mundo imperfecto, nos sucederá. Quizá has experimentado la ruptura de una relación, la pérdida de un ser querido o una mudanza a otra ciudad. Hay muchas experiencias de pérdida, y a todas les acompaña la tristeza. No debemos tener miedo a experimentar la tristeza; es una experiencia humana natural y común y nunca estamos solas al sentirnos así.

Jesús reconoció que experimentaremos tristeza, pero viene con una seguridad de que llegará el día en que nuestro gozo será cumplido, y ya no experimentaremos la pérdida. Así que sé valiente, hija de Dios, porque aunque experimentes sufrimiento en la tierra, Jesús te restaurará el gozo. Aférrate a Él en tu angustia y gózate en tus bendiciones. Él está contigo en todo momento.

¿Cómo has experimentado a Jesús en medio
de tu desesperación?

Ventisca de responsabilidad

Así que todavía hay un descanso especial en espera para el pueblo de Dios.
Pues todos los que han entrado en el descanso de Dios han descansado de
su trabajo, tal como Dios descansó del suyo después de crear el mundo.
HEBREOS 4:9-10, NTV

¿Alguna vez has experimentado una ventisca? La nieve cae tan
rápido que no puedes ver a través del grueso manto que forman
los copos. El viento silba, soplando nieve en todas las direcciones.
Mientras continúa la intensidad de la tormenta, la esponjosa
blancura comienza a apilarse, primero en centímetros y luego en
metros, hasta que todos quedan atascados donde están mientras la
ventisca aparentemente azota descontrolada.

¿Alguna vez has pensado en el hecho de que nuestra vida es similar a
esas ventiscas? Las responsabilidades caen en nuestros días de modo
muy parecido a esos copos de nieve. Algunos días es como el comienzo
de una tormenta de nieve con una cantidad asequible de tareas. Otros
días es como una ventisca de responsabilidades apilándose. Así como
Dios está en control de las ventiscas, también está en control de nuestra
vida. A Él le importa cuando nos sentimos abrumadas, y nos ha dado
una dulce promesa de descanso. Pasar tiempo en su Palabra y poniendo
algo de música de adoración suave puede llevarnos de sentirnos
atascadas en una ventisca de locura a una ventisca de dulce gozo.

*¿Por qué es importante que tengas equilibrio? ¿Cómo te afecta
a ti y a los que te rodean el hecho de que aceptes demasiadas
responsabilidades?*

Descansa en Jesús

Protégeme como lo harías con la niña de tus ojos;
escóndeme bajo la sombra de tus alas.

SALMOS 17:8, NBV

¿Has estado alguna vez despierta y has pensado que nadie más lo estaba? Quizá tuviste un vuelo muy temprano por la mañana, y sentías que eras la única persona que estaría activa a esas horas. Es una sensación mágica, ¿no es cierto? Es como si tuvieras un secreto que no has compartido. Al margen de que seas un búho nocturno, una persona madrugadora o estés en algún lugar intermedio, hay una paz que viene al encontrarte con Jesús en secreto, cuando tu mundo se ha detenido un instante.

Sea como sea, levantándote pronto o acostándote tarde, haciendo un descanso en el trabajo, una pausa en el estudio o una pausa por ser mamá, encontrar esa tranquilidad es donde puedes recobrar fuerzas. Necesitamos alimento espiritual para vencer cada día.

¿Puedes encontrar un tiempo tranquilo a diario
para encontrarte con Jesús? Él se encontrará contigo
en ese lugar, llenándote de paz, fortaleza y amor para salir
y conquistar el mundo.

Ríete con fuerza

En la multitud de mis pensamientos dentro de mí,
tus consolaciones alegraban mi alma.

SALMOS 94:19, RVR1960

¿Alguna vez has estado en medio de un tiempo estresante y después algo te hizo reír hasta dolerte el estómago? ¿No es asombroso cómo los afanes de la vida se van flotando cuando eso ocurre? Es especialmente asombroso oír a alguien cuya risa es tan contagiosa, que todos enseguida se ríen también. ¿Cuándo fue la última vez que te reíste a más no poder? La mayoría de nosotras no tenemos suficientes momentos así. ¿Roncas cuando te ríes, o tu risa es delicada y más bien a base de sonrisitas? Los tipos de risa varían tanto, que hay más de una docena de palabras para describir distintos tipos de risa. A parte de cómo te rías, la risa siempre es buena para cualquier cosa que te aflija.

Aunque la risa no aliviará las causas del estrés en tu vida, puede ayudarte a sentirte mejor, lo cual a cambio te llevará a la relajación y la capacidad renovada para enfrentar lo que está sucediendo. Los profesionales de la salud mental han investigado y compilado una buena lista de beneficios para la salud que tiene la risa. Dios creó la risa, y Él quiere que la disfrutemos.

¿Cómo ha usado Dios la risa para ayudarte a superar los tiempos de estrés? ¿Por qué crees que Dios vinculó la risa con la mejora de la salud?

Te amo

Te amo, oh Jehová, fortaleza mía.
SALMOS 18:1, RVR1960

Son dos simples palabras, pero pueden contener tan grande poder, belleza y esperanza. Dios es amor, y nunca dejaremos de aprender lo que eso significa para nosotras. Hoy, sin embargo, piensa en tu amor por Dios y lo que Él significa para ti. Hay también muchas razones por las que amamos a Dios, pero tal vez podrías simplemente expresarle esas dos palabras y dejar que tu adoración por Él sea suficiente.

En este día donde se recuerda el amor de las personas unas por otras, no te olvides de reconocer al que se define en su naturaleza misma como amor, y que te ofrece a ti ese amor incondicional: Dios. Habita en ese amor.

¿Cómo le demuestras al Señor que lo amas?

Dulce como el caramelo masticable

Cuando mi espíritu se angustiaba dentro de mí, tú conociste mi senda.
SALMOS 142:3, RVR1960

Hay una tienda de caramelos que tiene unos escaparates muy grandes alrededor de ella. Las personas ven con interés mientras los empleados sumergen las manzanas en el caramelo y se hace el dulce de leche. También hay días en los que hacen caramelos masticables. Se cocina sirope de azúcar y después se añaden los sabores y los colores. La máquina de hacer caramelos da la vuelta y lo dobla con una espátula hasta que está lo suficientemente frío para manejarlo. El caramelo se enrolla en forma de cuerda y después se estira y retuerce, una y otra vez y otra vez hasta que el caramelo masticable se vuelve brillante. Tras varios pasos más, se enrolla como una cuerda, se corta en pedazos y se envuelve en papel.

Quizá no te des cuenta, pero nosotras somos como caramelos masticables. ¿Has tenido días en los que parecía que te estaban estirando desde varias direcciones diferentes? Es estresante, especialmente cuando ya estábamos agotadas antes de que todo el estiramiento empezara. Nuestro espíritu se debilita en nuestro interior, y necesitamos deshacernos del estrés. Cuando estamos en medio de esos tiempos, Dios dice que sabe cómo estamos. Él puede fortalecernos, refrescarnos y darnos gozo mientras nos estiran de tarea en tarea.

¿Cómo te afecta el estrés cuando sientes que te están estirando desde muchas direcciones diferentes?

Descanso para los agotados

Pero los que confían en el Señor renovarán sus fuerzas; volarán como las águilas: correrán y no se fatigarán, caminarán y no se cansarán.

Isaías 40:31, NVI

¿Alguna vez te has sentido totalmente agotada y lo único que querías era irte a la cama y descansar? Para algunas, el cansancio abrumador llega después de largos días de trabajo con horas extra. Tras meses de tener un horario incesante, podemos cansarnos tanto que, cuando llegamos a la cama en la noche, tardamos horas en dormirnos porque nuestra mente sigue dando vueltas con todos los detalles del día. Cuando finalmente nos dormimos, nos parece que solo hemos dormido unos minutos cuando ya es tiempo de levantarse otra vez.

La buena noticia es que Dios promete darnos descanso y renovar nuestra fuerza, pero nosotras también tenemos que aprender a decir que no cuando tenemos que tomar decisiones. No tenemos que trabajar todo el tiempo extra. Es necesario tener equilibrio. Es ahí donde es útil orar por nuestras decisiones antes de decir que sí y añadir nuevas tareas a nuestros días, ya ocupados de por sí. Si permitimos que Dios tome esas decisiones por nosotras, Él nos promete algo más que asombroso: descanso para el cansado.

¿Por qué es tan difícil decir que no cuando se te presentan las oportunidades?

Protege tu boca

> SEÑOR, ponme en la boca un centinela; un guardia
> a la puerta de mis labios.
> SALMOS 141:3, NVI

¿Alguna vez te has sentido atraída por una conversación negativa sobre otra persona? Quizá tú no empezaste la conversación, pero al rato te das cuenta de que estás contribuyendo más de la cuenta. Anímate a tratar esos momentos y no dejar que se alejen. Es importante que no comprometamos nuestra integridad, no porque nos debamos sentir obligadas a hacer lo correcto, sino porque queremos que el amor de Cristo esté siempre delante y en el centro de nuestras conversaciones y actitudes.

Tu boca puede producir daño, pero también puede producir una cantidad increíble de bien, así que anímate a bendecir a otros con tus palabras.

¿Cómo puedes dejar que el amor de Dios vaya antes
de cualquier cosa que digas?

Despierta en la noche

Velo, y soy como el pájaro solitario sobre el tejado.
SALMOS 102:7, RVR1960

¿Alguna vez has tenido una de esas noches en las que has sentido que no dormiste nada? Quizá te pasaste la noche mirando el despertador y viendo que solo había pasado una hora desde la última vez que lo chequeaste. Esas noches pueden estar cargadas de ansiedad. Nadie más está despierto y estás sola con tus pensamientos y sentimientos.

Si pudieras visualizar a ese pájaro sobre un tejado, sería muy parecido a la manera en que te sientes en esos momentos: solitaria, esperando, vigilando. En esos tiempos de sentirte sola, recuerda que tu Dios es un Dios que nunca duerme. Él se interesa tanto por ti, que está listo para escuchar tu corazón a cualquier hora. Úsalo como una oportunidad de conectar con tu Creador y recibir perspectiva y sabiduría de Él.

¿Sabes que el Padre se interesa por ti más que por el pajarillo solitario sobre el tejado? ¿Cómo puedes escucharlo a Él en tus momentos de soledad?

Palabra viva

Porque la palabra de Dios es viva y eficaz, y más cortante que toda espada
de dos filos; y penetra hasta partir el alma y el espíritu, las coyunturas y los
tuétanos, y discierne los pensamientos y las intenciones del corazón.

HEBREOS 4:12, RVR1960

¿Te habla Dios de vez en cuando por medio de temas? Todas
pasamos por distintas etapas en la vida, y Dios habla a nuestro corazón
en consonancia. Algunas quizá estamos pasando por una etapa de
aprender a esperar, mientras que otras están aprendiendo a actuar en
fe. Pero lo bonito de Dios es que es lo suficientemente grande para
hablarnos a todas, en nuestros distintos lugares, con nuestros corazones
tan distintos, a la misma vez y con las mismas palabras.

La Palabra de Dios es viva y eficaz. Puede llevar la verdad al corazón
de cada persona en particular. Dos personas pueden sacar algo
totalmente distinto del mismo pasaje de las Escrituras por lo que
Dios ha estado haciendo en cada uno de sus corazones por separado.
A través del Cuerpo de Cristo, podemos juntarnos y compartir lo
que Dios nos está enseñando, multiplicando nuestro crecimiento
individual a medida que nos animamos unas a otras.

*¿Cómo puedes asegurarte de no dudar nunca del poder de lo
que tienes en tus manos cuando lees la Palabra de Dios?*

Mensajes mezclados

Con la lengua bendecimos a nuestro Señor y Padre, y con ella maldecimos a las personas, creadas a imagen de Dios. De una misma boca salen bendición y maldición. Hermanos míos, esto no debe ser así. ¿Puede acaso brotar de una misma fuente agua dulce y agua salada? Hermanos míos, ¿acaso puede dar aceitunas una higuera o higos una vid? Pues tampoco una fuente de agua salada puede dar agua dulce.

SANTIAGO 3:9-12, NVI

¿Alguna vez has pasado el domingo en la mañana en una banca en la iglesia, proclamando tu amor por Dios, y después has salido y le has dicho a tu amiga: "¿Viste la falda de Sofía? ¡Era demasiado corta!". Quizá juzgaste a alguien que entró a toda velocidad quince minutos tarde en la reunión. Tal vez te dijiste a ti misma que eres mejor persona que Susi, porque Susi les grita a sus hijos y tú raras veces le gritas a nadie.

Si es así, no estás sola. Tenemos la tendencia natural de dejar mal a otros para sentirnos mejor nosotras mismas. Tenemos la creencia secreta que, si alguien queda mal, nosotras quedaremos bien mediante la comparación. Pero la Biblia nos dice que no podemos alabar a Jesús y maldecir a otros al mismo tiempo.

¿Cómo puedes cuidar especialmente tus pensamientos y tus palabras hoy, asegurándote de hablar bien de otros mientras te acercas más a Dios?

No te avergüences

Precisamente por eso sufro todas estas cosas. Pero no me avergüenzo de ello, porque yo sé en quién he puesto mi confianza; y estoy seguro de que él tiene poder para guardar hasta aquel día lo que me ha encomendado.

2 TIMOTEO 1:12, DHH

¿Alguna vez has intentado caminar corriente arriba por un río o nadar contra una fuerte corriente? ¡Es difícil! A veces, es así como nos sentimos como cristianas en un mundo lleno de incrédulos. Nuestra cultura moderna está llena de personas que quieren ser políticamente correctas y aceptar todas las creencias, pero cuando se trata del cristianismo, ¡parece que todo lo que decimos es ofensivo!

Pablo estuvo encarcelado varias veces por ofender a la gente de su tiempo. Parecía que lo padecía alegremente, porque estaba convencido de que Jesús era el Salvador y que su misión era compartir esta buena noticia con el mundo. Pablo estaba convencido de la verdad, y por eso, ¡no se avergonzaba!

¿Tiendes a no hablar de tu fe en Jesús? ¿Te preocupa poder sufrir, o que se burlen de ti por tus creencias? Dedica un tiempo cada día a desarrollar tu relación con Él; mientras más conozcas a Jesús, más confiada estarás en lo que crees.

Anima por el premio

Que el Dios que infunde aliento y perseverancia les conceda vivir juntos
en armonía, conforme al ejemplo de Cristo Jesús.

ROMANOS 15:5, NVI

¿Alguna vez has visto a las animadoras en un evento deportivo?
Sonrientes, alegres, enérgicas, gritando por su amado equipo. Lo
que no vemos es lo que pueda estar pasando por debajo de todo ese
ánimo. Todas tienen sus problemas, y sin embargo ahí están, dedicadas
fielmente a su equipo, porque conocen el premio que hay al final.

Del mismo modo, animémonos unas a otras en nuestra fe.
Imagínate el gozo de nuestro Abba Padre cuando nos ve
animándonos unas a otras con elogios y amor al margen de lo que
pueda estar sucediendo. Hay mucho que ganar al estar en relación
con otros creyentes ya sea dando o recibiendo. Y el premio al final es
la eternidad. No hay nada más grande.

¿Cuáles son algunas formas en las que puedes animar a otros?
Piensa en el deleite del corazón de Dios cuando te ve dando de
tu tiempo y tus talentos.

Del lloro a la alegre danza

Tú cambiaste mi duelo en alegre danza;
me quitaste la ropa de luto y me vestiste de alegría.
SALMOS 30:11, NTV

¿Has experimentado conducir a través de un túnel realmente largo y solo saber que terminaría por el número de marcas que hay en la pared o porque tu GPS te dice que va a terminar? Si no tuvieras ni idea, esos túneles podrían parecer realmente largos y un tanto intimidantes.

El dolor y el sufrimiento a veces puedes sentirlos como un túnel interminable con pocas cosas que te indiquen lo largo que es o cuánto más tendrás que aguantar ahí. Si esto es lo que te pasa ahora mismo, recibe valor de la escritura de hoy, de alguien que ha encontrado el gozo y la luz al final de su túnel. Ha sucedido, y te sucederá a ti. Tu duelo un día se convertirá en gozo.

¿Cómo puedes escoger fortalecerte con la esperanza de que tu duelo se puede convertir en gozo? ¿Cómo sigues confiando en Dios mientras estás en medio de ello?

Apaga el fuego

La respuesta amable calma el enojo;
la respuesta violenta lo excita más.

PROVERBIOS 15:1, DHH

¿Has llegado a dominar el arte de encender un fuego? Aunque no lo hayas hecho tú misma, sabrás que el fuego necesita leña y un poco de oxígeno para que pueda comenzar a arder. Al alimentar el fuego, haces que crezca y se haga más fuerte. Así es como las Escrituras asemejan nuestra respuesta a la ira.

Si respondemos con ira o a la defensiva y no mostramos gracia, eso añadirá los elementos correctos para que esa persona se enoje un poco más. Piensa en la última vez que tuviste una discusión y lo difícil que fue controlar las cosas para que no empeoraran. Si podemos tomar un momento para hacer una pausa, mantener la calma y responder con gracia y amabilidad, ayudaremos a calmar a la otra persona. Vale la pena intentarlo.

¿Se te ocurren formas de responder la próxima vez que te encuentres con la ira de otra persona? Tener una estrategia antes de que se produzca la situación puede ser de ayuda para prepararte para dar una buena respuesta.

Elegida desde antes

Antes de formarte en el vientre, ya te había elegido.

Jeremías 1:4, nvi

Su mamá le dijo que él era un error: un bebé que nadie había querido, que le desalentó su género y que llegó en un mal momento. ¿Qué iba a pensar él? Un día, vio este versículo. Él sabía que Dios lo había planeado desde el comienzo de los tiempos. Era perfecto ante los ojos de Dios, respetado y amado, y apartado para la grandeza. Si él no hubiera existido, si no se hubiera convertido en la excelente persona que es hoy, el mundo sería tristemente distinto.

Tú eres esa persona de muchas, muchas maneras. De tus palabras, tus acciones y tu ser, brota un mundo de posibilidades que solo Dios tiene el genio suficiente para imaginar y ordenar. Tú eres muy, pero muy preciosa. Nunca te menosprecies de forma alguna. Eres lo suficientemente buena para Dios, y eso es más que suficiente.

¿Cómo puedes celebrar quién eres hoy?
¡Sé valiente si es necesario!

Relaciones

Júntate con sabios y obtendrás sabiduría;
júntate con necios y te echarás a perder.

PROVERBIOS 13:20, NVI

Los humanos fuimos creados para las relaciones; estamos diseñados para querer y necesitar a otros. Debido a nuestro diseño, las amistades son vitalmente importantes para nuestra vida y también para nuestro caminar con Dios. Es un hecho ampliamente conocido que los amigos nos levantan o nos derriban. Del mismo modo, los amigos pueden animarnos o desanimarnos en nuestra búsqueda de la piedad.

Al buscar consejo de nuestros amigos para las decisiones que tomamos en la vida, es importante que esos amigos nos estén animando a seguir a Cristo y no nuestros propios deseos. Tus amigos tienen el poder de acercarte más a Dios o de alejarte de Él. Rodéate de personas que se hagan eco de las palabras de Dios para ti y no que te hagan desviarte con sus consejos.

Evalúate para asegurarte de que estás siendo el tipo de amiga que acercará a otros a Cristo mediante tu influencia y tu consejo.

Discípulo fiel

Y eran fieles en conservar la enseñanza de los apóstoles, en compartir lo que tenían, en reunirse para partir el pan y en la oración.
HECHOS 2:42, DHH

Si hay un versículo que haga sentir a una iglesia culpable, es este. Es difícil imaginar cómo cualquiera de nosotras podría vivir así en nuestros días y en esta época. Imagínate estar constantemente enseñando, comiendo y orando con tus amigos cristianos. Para algunos eso puede sonar agradable, pero para muchos suena imposible. Lee entre líneas. Por supuesto, estas personas tenían hogares, familias y las rutinas de la vida, al igual que nosotras.

La idea de una dedicación continua es simplemente las rutinas y los hábitos positivos a los que los creyentes se dedicaban, muy parecido a los hábitos que intentamos formar en nuestra fe cristiana. Leemos devocionarios, oramos, vamos a la iglesia, servimos o nos juntamos con grupos en la iglesia. Si esto no es parte de tu vida, anímate a hacer de ello un hábito. Los creyentes se necesitan unos a otros, y se animan al ver la dedicación de otros.

¿Cómo puedes involucrarte más con creyentes esta semana?

Por tu caminar

¡Cuán precioso, oh Dios, es tu gran amor!
Todo ser humano halla refugio a la sombra de tus alas. Se sacian de la
abundancia de tu casa; les das a beber de tu río de deleites.

SALMOS 36:7-8, NVI

Si eres afortunada de vivir cerca del mar, habrás visto a gente caminar hacia uno y otro lado de la escarpada línea de las olas al encontrarse con la arena. Algunos caminan solos, pero a menudo lo hacen en parejas. Imagínate sentarte en la orilla, cuando ves a una pareja caminando un poco distanciados entre ellos, lanzándose miradas horribles el uno al otro. O quizá uno va más adelante con paso firme mientras que el otro se esfuerza por alcanzarlo. En lo más profundo probablemente estén enamorados, pero no es evidente por su caminar, ¿cierto? Después ves a otra pareja, con la mano de ella abrazando delicadamente el antebrazo de él, con su paso perfectamente sintonizado. Juzgamos las relaciones por la forma de caminar de las personas.

¿Qué dice tu caminar con Cristo sobre tu relación con Él? ¿Habla de años de perseverancia, de caminar por el camino de la vida con Él y de estar llena de gozo en su presencia? ¿O estás caminando por delante a paso firme y con el ceño fruncido todo el tiempo, con más obligación que amor? Detente hoy y pregúntate: ¿dónde está el gozo?

¿Está tu caminar cristiano lleno de gozo?

Marzo

Él fortalece al cansado y
acrecienta las fuerzas del débil.

ISAÍAS 40:29, NVI

Hambre de Dios

Deseen con ansias la leche pura de la palabra, como niños recién nacidos.
Así, por medio de ella, crecerán en su salvación.
1 Pedro 2:2, nvi

Si alguna vez has tenido un minuto para observar a un bebé que tiene hambre, habrás visto cuán desesperado puede estar. No importa si el biberón se demora un minuto o diez, la reacción de hambre tiene la misma intensidad. La necesidad de comer es incesante y demandante. El llanto por comida suele ser elevado, con enojo y repetitivo. El deseo es tan fuerte, que su instinto natural es luchar por él.

En cuanto la leche toca sus labios, no obstante, se calma y se relaja. Poco después, su necesidad de comer queda satisfecha, y se rinde a un pacífico sueño. Está contento, porque en ese momento fue alimentado. La leche es esencial para cada parte del sano desarrollo de un bebé. Nuestra necesidad de la Palabra de Dios es parecida a la necesidad de leche que tiene un bebé. Dependemos de ella para la supervivencia y, sin embargo, nos hemos acostumbrado a calmar esa necesidad con otras distracciones. ¿Cuál sería la fortaleza de nuestra fe si tomáramos el alimento espiritual que desea nuestra alma? Dios quiere que seamos fuertes, que estemos saludables y que seamos alimentadas.

¿Deseas con ansia de la Palabra de Dios?
¿O estás calmando esa necesidad de otras maneras?

Muy pequeños

> ¿Qué son los simples mortales para que pienses en ellos,
> los seres humanos para que de ellos te ocupes?
> SALMOS 8:4, NTV

Si alguna vez has visto un programa científico sobre nuestro universo, probablemente te haya asombrado al saber cuán colosales y complejos son nuestro universo y las galaxias que lo rodean. Pueden hacer que los seres humanos parezcamos diminutos e insignificantes cuando pensamos que, como planeta, ¡la tierra no es nada en comparación con la inmensidad del resto del cosmos!

¿Qué son los simples mortales para que Dios pensara en nosotros? ¿Por qué le importan? Génesis nos dice que Dios nos creó a su imagen; eso tiene que ser muy especial. Él nos creó con intención, nos creó para ser como Él y para vivir en relación con Él. Nos creó por amor. Que su amor por ti te sobrecoja hoy.

¿Te sientes importante a la luz de este universo?
¿Sabes que la Palabra de Dios dice que Él te adora?

Pasos firmes

El Señor afirma los pasos del hombre cuando
le agrada su modo de vivir.

SALMOS 37:23, NVI

Si alguna vez le has dado la mano a un niño pequeño, sabrás que confía en ti en cuanto a su equilibrio. Si tropieza, para ti es fácil mantenerlo en pie. Este sencillo acto de agarrar la mano significa que tú y el niño tienen confianza en que no se caerá de boca.

Del mismo modo, cuando entregamos al Señor nuestro camino, básicamente estamos poniendo nuestra mano en la suya. Él se deleita en el hecho de que estamos caminando con Él, e incluso en los momentos en los que tropezamos, Él afirmará nuestro camino y nos dará la confianza para seguir caminando.

¿Te resulta difícil invitar a Jesús a que te tome de la mano y camine a tu lado cada día? ¿Entiendes lo que significa para Él mantener firmes tus pasos y evitar que te caigas?

Misericordia y gracia

> Pero Dios es muy compasivo, y su amor por nosotros es inmenso. Por eso,
> aunque estábamos muertos por culpa de nuestros pecados, él nos dio vida
> al resucitar a Cristo. Nos hemos salvado gracias al amor de Dios.
>
> EFESIOS 2:4-5, TLA

Imagínate un tribunal; directamente enfrente de ti se sienta un juez severo vestido con una túnica negra. Tú estás de pie, ansiosa y con las rodillas temblando. Apenas puedes respirar. Sabes que eres culpable. Hay un bullicio en tus oídos. Es solo cuestión de cuánto tiempo estarás en prisión. Tu vida, como las conoces, se ha terminado. ¡TAN! El mazo azota y el juez dice: "Perdonada". Ah, el gozo que siente tu corazón. Una euforia sincera recorre todo tu ser. Es difícil de asimilar.

Cuando nos damos cuenta de que, incluso en medio de nuestros pecados, Dios nos inundó de misericordia y gracia impensable enviando a Jesús a morir en nuestro lugar, debería ser obvio para nosotras que deberíamos conceder esa misma gracia y misericordia a los que nos ofenden. El agravio puede que haya sido pequeño o inmenso; y puede que nos pareciera insuperable. Ofreciendo perdón nos ayudamos más a nosotras que al ofensor. No es fácil, pero cuando miramos el ejemplo de amor de Dios, podemos confiar en que modelarlo nos aportará un beneficio.

¿Cómo ha marcado una diferencia en tu vida el modelo de Dios de misericordia y de gracia? ¿Te resulta fácil perdonar a otros?

Lo que Él dice

María respondió: —Soy la sierva del Señor. Que se cumpla todo lo que has dicho acerca de mí. Y el ángel la dejó.

LUCAS 1:38, NTV

*E*n una escena memorable de una película sobre muchachas adolescentes, un maestro le pide a todo un gimnasio lleno de jovencitas que cierren los ojos y alcen su mano si alguna vez han dicho algo malo sobre otra chica. Prácticamente todas las manos se levantan. La razón por la que esta escena parece verdad es porque es verdad. Y, tristemente, a menudo somos incluso más duras con nosotras mismas.

Además de las sorprendentes noticias de que María daría a luz al hijo de Dios, el ángel que le visitó en Lucas 1 también le habla a María de su bondad, del favor ante los ojos de Dios. María era una adolescente. Es muy probable que ella hubiera oído, y pensado, algo no tan amable sobre ella misma en más de una ocasión. Piensa en su respuesta tan valiente y hermosa. Piensa en alguien que te ama. ¿Qué dice de ti? Decide hoy permitir que esas palabras, y las palabras de Dios, sean la verdad. Únete a María diciéndole a Dios: "Que se cumpla todo lo que has dicho acerca de mí".

¿Eres autocrítica? Si te pidiera que te describieras,
¿qué me dirías?

Resistencia

Sométanse unos a otros, por reverencia a Cristo.
EFESIOS 5:21, NVI

En un mundo de igualdad de oportunidades y búsqueda de la igualdad, la sumisión puede ser una píldora difícil de tragar. Quizá hay demasiados impedimentos con esa palabra. Si la sumisión te resulta una piedra de tropiezo, intenta pensar en la palabra aceptación.

La forma en que las Escrituras quieren que entendamos la sumisión es quizá mucho mejor cuando pensamos en su antónimo. Lo opuesto de sumisión es resistencia, y es aquí donde pueden surgir todo tipo de problemas. Si piensas en alguna discusión reciente que hayas podido tener, probablemente estabas resistiendo la idea, las emociones o las acciones de otra persona. Aunque tienes ideas, emociones y acciones igualmente válidas, apóyate en el amor de Cristo y aprende a aceptar o a ceder de vez en cuando, para que su gracia se puede experimentar a través de ti.

¿De qué maneras has estado resistiendo algo debido
a tus propios deseos, y cómo podría estar pidiéndote
Cristo que cambies?

Artesanía con hierro

Hierro con hierro se aguza; y así el hombre aguza el rostro de su amigo.
PROVERBIOS 27:17, RVR1960

*E*n la antigüedad, la artesanía con el hierro exigía mucho tiempo porque no había aparatos eléctricos para darle forma. Se requería dedicación, persistencia y duro trabajo. Las amistades deberían aspirar a ofrecer el mismo nivel de compromiso. Invirtiendo en nuestras amistades e interactuando de una forma honesta, creamos el tipo de relaciones que nos permiten decirnos cosas unas a otras y rendirnos cuentas.

Unas cuantas conversaciones superficiales no conseguirán aguzar nada. La dedicación unas a otras en la dicha y en la adversidad, la honestidad y la integridad, son elementos necesarios para ayudarnos a refinarnos mutuamente. Debemos estar dispuestas a decir la verdad, pero también a hacer el trabajo duro de caminar la una con la otra a través del proceso de crecimiento.

¿Cómo haces para rodearte de personas en las que puedas confiar? ¿Cómo puedes ser una amiga fiable para otras?

Pasión por la vida

Restaura en mí la alegría de tu salvación
y haz que esté dispuesto a obedecerte.

SALMOS 51:12, NTV

En Juan 15:10-11, Jesús dice claramente que el gozo que experimentamos se correlaciona directamente con nuestra obediencia a Dios. Aquí, David está pidiéndole a Dios que restaure su pasión y su gozo. Había desobedecido los mandamientos de Dios de no cometer adulterio o asesinato. Ahora, desea estar cerca de Dios para poder caminar en obediencia, gozo y restauración.

La desobediencia provoca agitación y confusión. El gran amor de Dios por nosotros implementó mandamientos que debíamos seguir. Solo Dios puede restaurar por completo lo que se ha roto. Él está dispuesto a perdonar los pecados más atroces y restaurarnos consigo mismo. Sin embargo, debemos estar dispuestas a obedecerle, alejarnos de nuestras malas acciones, y estar cerca de Él con un espíritu dispuesto. A menudo tenemos que acudir a Él a pedirle fortaleza para escoger voluntariamente hacer lo correcto.

¿Qué significa tener un espíritu dispuesto?

Un punto de vista más alto

La victoria proviene de ti, oh SEÑOR;
bendice a tu pueblo.

SALMOS 3:8, NTV

*E*n tiempos de guerra, los estrategas militares se benefician de los puntos de vista más altos. Mirar el campo de batalla desde arriba es la mejor manera de formular estrategias para sus tropas. Antes de usar los equipos de satélite y radares de sensor de calor, las vistas eran muy limitadas a nivel de tierra, obligando a los estrategas a usar lo que los mapas y los espías les pudieran decir para predecir el movimiento del enemigo y posicionar a sus hombres.

Del mismo modo, nuestras vidas se benefician de un punto de vista más alto. Cuando nos elevamos por encima de nuestras circunstancias y vemos la vida no desde nuestra propia perspectiva llena de ansiedad, urgencia y agobio, sino desde la perspectiva de Dios, las batallas de la vida se vuelven menos intimidantes con las promesas de la eternidad a la vista.

¿Qué significa para ti confiar en Dios en la batalla de hoy?
Puedes tener la certeza de que Él te guiará de forma segura
a la victoria.

Busca su rostro

¡Refúgiense en el Señor y en su fuerza,
busquen siempre su presencia!
1 Crónicas 16:11, NVI

A veces puede ser difícil pedir ayuda, y nos gusta intentar resolver nuestros problemas por nosotras mismas. No es así como el Señor nos creó para que operáramos. Necesitamos su fortaleza para perseverar, y necesitamos también el apoyo de otras personas.

En lugar de intentar reunir el poder suficiente para vivir esta vida solas, deberíamos buscar el rostro de Dios y pedir ayuda en tiempos de dificultad. El Señor es misericordioso y generoso. Él nos da fuerza, y también nos da a otras personas. Cuando nos sentimos abrumadas e incapaces de continuar, podemos acudir a Él y pedirle fortaleza.

¿Ha puesto el Señor a alguien en tu vida que ha sido una
fuente de fortaleza y ánimo para ti?

Boca de flechas

Afilan su lengua como espada y lanzan
como flechas palabras ponzoñosas.

SALMOS 64:3, NVI

Puede resultar difícil pedir ayuda a veces, y nos gustaría intentar resolver nuestros problemas por nosotras mismas. No es así como el Señor nos creó para que operáramos. Necesitamos su fortaleza para perseverar, y también necesitamos el apoyo de otros.

En lugar de intentar reunir el poder suficiente para recorrer la vida solas, deberíamos buscar el rostro del Señor y pedirle ayuda en tiempos de dificultad. El Señor es misericordioso y generoso. Él nos da fuerza, y también nos da otras personas. Podemos darle gracias por su regalo de la comunicación y pedirle que nos ayude a usar nuestras palabras para bien y no para hacer daño.

¿Cómo puedes usar tus palabras para edificar a otros hoy?

Compasivas

Más bien, sean bondadosos y compasivos unos con otros, y perdónense
mutuamente, así como Dios los perdonó a ustedes en Cristo.

EFESIOS 4:32, NVI

De todos es sabido que nos volvemos como aquellos con los que
nos juntamos. Pablo destaca anteriormente en este capítulo que
los rasgos que definen a las personas mundanas son que se desvían
fácilmente, poseen una forma de pensar vana, son ignorantes, duros
de corazón, insensibles, sensuales, indulgentes, impuros, egoístas,
amargados, enojados, tienden a la riña y calumnian.

En lugar de ello, tenemos que ser hechos de nuevo a imagen de
nuestro Creador. Él es bueno, compasivo y perdonador. Este tipo de
conducta requiere un abandono intencional del yo, pero cada vez es
más obtenible cuando pasamos tiempo intencional con Dios.

*¿Por qué crees que Pablo escribe tan a menudo
sobre el perdón que hemos recibido cuando nos
está enseñando sobre cómo tratar a otros?*

Tus deseos

Deléitate asimismo en Jehová, y él te concederá
las peticiones de tu corazón.

SALMOS 37:4, RVR1960

*E*s difícil reconciliar algunas de las promesas de la Palabra de Dios
con nuestra decepción con cosas que hemos pedido pero que aún
no hemos recibido. Quizá estás esperando una respuesta o estás
esperando un milagro.

Anímate sabiendo que Jesús dice que tenemos que ser persistentes
y resistentes, y que Él siempre está dispuesto a abrirte la puerta para
que puedas encontrarlo a Él. Cuando permites que Jesús entre en tu
vida, recibes todo lo que necesitas. Pídele una mente resistente para
que puedas seguir pidiendo, llamando y buscando en fe para que
encuentres lo que necesitas. Pon tu confianza en Él, sabiendo que Él
cuida de ti y que abrirá la puerta para responderte cuando llames.

*¿Cómo se anima tu fe cuando acudes al Señor
al comienzo de cada día?*

Sonidos que calman

Pero tú, Señor, en las alturas, eres más poderoso que las olas y que
el rugir de los mares. Oh Señor, tus mandatos son muy firmes.
¡La santidad es el adorno eterno de tu templo!

SALMOS 93:4-5, DHH

¿Alguna vez has estado tan estresada que casi sentías que tu
cuerpo estaba temblando? Tu estómago se removía de los nervios.
Tus mejillas estaban sonrojadas. Seguro que la presión sanguínea
era alta. Ni siquiera necesitabas una revisión para saberlo. Y todos
tus nervios estaban tan a flor de piel, que casi los demás podían
tocarlos… y los tocaban.

¡Sssh! ¡Sssh! ¡Sssh! Glu, glu. ¡Sssh! ¡Sssh! ¡Sssh! ¿Alguna vez has
escuchado el sonido del agua corriendo entre las rocas en la orilla
de un río? Casi se puede sentir cómo el estrés se va de tu cuerpo
mientras disfrutas de la obra de Dios. El relajante sonido del agua
calma la tensión de tus hombros. Sabemos que Dios puede calmar
las olas, pero también puede calmar a sus hijos mediante el sonido
relajante de esas olas.

¿Por qué crees que el sonido del agua es relajante?
¿Cómo refleja esa agua el gran poder de Dios?

Debilidad

Es por esto que me deleito en mis debilidades, y en los insultos,
en privaciones, persecuciones y dificultades que sufro por Cristo.
Pues, cuando soy débil, entonces soy fuerte.

2 CORINTIOS 12:10, NTV

Parece ilógico alardear de nuestras debilidades, pero si Dios alguna vez ha intervenido por nosotras y ha provisto un camino cuando no podíamos encontrar el nuestro, ¡deberíamos gozarnos en ello!

Nuestro gozo se puede multiplicar cuando compartimos nuestra historia con otros también. Al hacerlo, alardeamos de Dios en nuestra debilidad. Cuando llegan las dificultades a nuestra vida, tenemos la oportunidad única de ver cómo Dios las usará para nuestro bien y su gloria. Podemos escoger ver la vida de forma distinta al mundo. No vivimos para nuestra propia gloria o búsquedas egoístas, así que si Dios aparece durante nuestras dificultades, podemos darles la bienvenida ¡e incluso gozarnos en ellas!

¿Cuándo ha demostrado Dios su fortaleza
a través de tu debilidad?

Comparte la luz

Poco es para mí que tú seas mi siervo para levantar las tribus de Jacob, y para que restaures el remanente de Israel; también te di por luz de las naciones, para que seas mi salvación hasta lo postrero de la tierra.

Isaías 49:6, RVR1960

Siempre fue parte del plan de Dios traer la salvación a toda su creación. Sabemos que los israelitas son los escogidos a través de los cuales Dios trajo la salvación, pero tenemos que recordar que Dios quería que su mensaje llegara hasta los confines de la tierra.

Jesús no limitó su ministerio al pueblo judío y a los creyentes de su tiempo. Él extendió su ministerio a los gentiles y a todos los que estaban "fuera" de la ley de los escribas y los fariseos. Dios no quiere que nos lo guardemos para nosotras. Él quiere que seamos una luz que brilla para que todos la vean a fin de que la salvación pueda llegar a los confines de la tierra.

¿Estás dispuesta a ser una luz para Cristo hoy?

En la calma y en la tormenta

Cuando te vengan buenos tiempos, disfrútalos; pero, cuando te lleguen los malos, piensa que unos y otros son obra de Dios, y que el hombre nunca sabe con qué habrá de encontrarse después.

ECLESIASTÉS 7:14, NVI

*E*s fácil sentirse alegre en un día soleado, cuando todo está bien, los pájaros cantan y la vida transcurre sin problema. Pero ¿qué ocurre cuando las aguas se enfurecen, llegan malas noticias o los días sencillamente son dolorosos?

Dios quiere que sintamos alegría cuando los tiempos son buenos. Él ha creado todos y cada uno de los días. Somos llamadas a gozarnos en todos ellos sean buenos o malos. La felicidad está determinada por las circunstancias, pero el verdadero gozo viene cuando podemos encontrar pepitas de oro escondidas en nuestras horas más difíciles, cuando podemos cantar sus alabanzas pase lo que pase. No sabemos lo que nos deparará el futuro aquí en la tierra, pero podemos encontrar deleite en el conocimiento de que nuestra eternidad está rodeada de belleza.

¿Está determinada tu felicidad por tus circunstancias? Ora para que descubras el verdadero gozo en nuestro Creador. Pídele que te dé una satisfacción profunda y duradera que supere el entendimiento humano.

Alabanza perpetua

Bendeciré al SEÑOR en todo tiempo;
mis labios siempre lo alabarán.
SALMOS 34:1, NVI

*E*s relativamente fácil cantar alabanzas a Dios cuando todo va bien en nuestra vida: cuando Él nos bendice con algo que habíamos pedido, cuando nos sana, o cuando directamente responde una oración. De forma natural acudimos a Él y le damos gloria y alabanza por las cosas buenas. ¿Qué sucede cuando las cosas no van bien? ¿Qué sucede en los tiempos de sequedad, en los tiempos dolorosos, o en los tiempos de espera?

Escoge hoy tener la alabanza lista en tus labios en lugar de la queja. Siempre que te sientas descontenta o frustrada, reemplázalo por alabanza. Al enfocarte en la bondad de Dios, las dificultades disminuirán y tu gozo aumentará.

¿Cómo puedes escoger la alabanza incluso cuando tu día apenas si ha comenzado y ya puedes sentir que empieza a acumularse el estrés? ¿Cómo puedes escoger ser agradecida en vez de quejarte?

Mi fortaleza

El Señor es mi luz y mi salvación,
entonces ¿por qué habría de temer?
El Señor es mi fortaleza y me protege del peligro,
entonces ¿por qué habría de temblar?

Salmos 27:1, NTV

Es tiempo de enfrentar un nuevo día, y aunque quizá no te sientes lista para vivirlo, Dios ya te está fortaleciendo con paz, sabiduría y esperanza. Recuerda que siempre puedes contar con Él para equiparte con lo que necesites cuando lo necesites.

¿Qué necesitas en este momento? ¿Es motivación sencillamente para bañarte y vestirte? ¿Es paz para calmar tus nervios por un examen en la escuela? Quizá necesitas un poco de paciencia mientras persigues y preparas a tus hijos para que vayan a la escuela. Pídele lo que necesites, porque Él se interesa por las cosas pequeñas y está más que listo para ayudarte.

¿Cómo puedes permitir que Dios sea tu ayuda hoy?

Desarrolla tu don

No descuides los dones que tienes y que Dios te concedió cuando,
por inspiración profética, los ancianos de la iglesia te impusieron
las manos. Pon tu cuidado y tu atención en estas cosas,
para que todos puedan ver cómo adelantas.

1 Timoteo 4:14-15, dhh

Jesús te dio dones y talentos especiales. Es como si Él tuviera un jardín lleno de las flores más bonitas, y si no te levantas y floreces, nada ocupará tu lugar.

Esto es exactamente lo que está ocurriendo en el mundo espiritual. Si Dios tuviera a otra persona como tú, una de ellas sería redundante. Disfruta tu vida, tus particularidad y tus oportunidades de florecer donde has sido plantada, o trasplántate a otro tiesto nuevo donde te puedan disfrutar en cualquier otro lugar. Dios tiene cosas buenas para ti. Dios te hizo su flor y eres cuidada como tal. ¡Florece!

¿Dónde estás plantada ahora mismo?
¿Cómo puedes florecer?

Tristeza y gozo

También vosotros ahora tenéis tristeza; pero os volveré a ver, y se gozará vuestro corazón, y nadie os quitará vuestro gozo.

Juan 16:22, RVR1960

Jesús habló a sus discípulos sobre la tristeza que iban a soportar en su crucifixión. Los que le rodeaban se gozarían y ellos se entristecerían. No se debían sorprender ni desmayar por eso, porque era seguro que volverían a ver a Jesús.

Aunque la muerte y el pecado nos roban ahora y nos infligen tristeza, no pueden retener nuestro gozo. Llegará un día en el que todo será restaurado, cuando el Señor dicte su juicio final y Jesucristo regrese por nosotros. Como tenemos una mentalidad bíblica eterna, hay veces en las que nos entristecemos y el mundo a nuestro alrededor lo celebra. Lo bueno y lo malo parece estar mezclado. Esto no durará. Un día, Jesús volcará las mesas y nuestro dolor se transformará en gozo que nadie podrá destruir.

¿Qué es eso por lo cual te alegras, pero a la vez el mundo se burla? ¿Qué es lo que a ti te entristece y el mundo promueve?

De invierno a primavera

Conozcamos al SEÑOR; vayamos tras su conocimiento. Tan cierto como que sale el sol, él habrá de manifestarse; vendrá a nosotros como la lluvia de invierno, como la lluvia de primavera que riega la tierra.

OSEAS 6:3, NVI

La primavera a veces se burla de nosotras. Unos cuantos días templados y soleados despiertan nuestros sentidos a la frescura del aire primaveral y prometen el final del invierno. Nos acostamos tras horas de rayos de sol y risas, y nos despertamos con un manto blanco que cubre cualquier evidencia de calor. El sol primaveral se esconde detrás de las nubes invernales, burlándose de nosotras como si conociera nuestros anhelos de la gran luz que esconde. Cuando el sol finalmente vuelve a aparecer, al instante nos damos un baño de sol.

Nuestras vidas tienen inviernos, ¿verdad? Pasamos por etapas en las que nos sentimos frías, escondidas y atrapadas. Nos sentimos enterradas bajo la nieve de las circunstancias con ausencia de claridad, calor y luz. Pero, si miramos con atención, quizá podamos ver el correr de las nubes, los contornos dorados que prometen que hay esperanza después de ellas. Y aunque el invierno puede ser largo, en cuanto el sol regrese todo habrá valido la pena.

¿Estás atravesando uno de esos inviernos de la vida?

Aún ha de venir

Pondrá de nuevo risas en tu boca,
y gritos de alegría en tus labios.
JOB 8:21, NVI

El gozo es lo más natural cuando estás experimentando algo emocionante, divertido, chistoso o satisfactorio. Pero el versículo hoy nos llega del libro de Job, y si sabes algo sobre este hombre sabrás que posiblemente estaba sintiendo la angustia más grande que cualquiera podría sentir. Job pasó por un dolor increíble: física, mental, espiritual y emocionalmente.

¿Cómo es posible que este libro de la Biblia nos asegure que Dios nos llena de risa y gritos de alegría? La pista podría estar en la palabra "pondrá". Tal vez no estemos en una situación que nos produzca mucho gozo, pero siempre está la esperanza de un día venidero en el que de nuevo nos reiremos y gritaremos de alegría. Si tu mundo ahora mismo te parece así, aférrate al futuro. Durante esos días en los que te sientes apática, triste o totalmente deprimida, escoge mirar hacia delante, a ese día en el que tu boca se reirá y gritarás de gozo. Llénate de la seguridad de que el gozo te espera.

¿Qué ves que aún no haya llegado para ti?
¿Qué esperanza tienes de un mañana más brillante?

Observa y mira

Guarda silencio ante el Señor, y espera en él con paciencia; no te irrites ante el éxito de otros, de los que maquinan planes malvados.

SALMOS 37:7, NVI

Justo cuando los israelitas pensaban que podían recuperar el aliento, el faraón renegó de su promesa de dejar que el pueblo de Dios esclavizado se fuera. Reunió a sus tropas para una persecución poderosa. Los israelitas estaban aterrados. Delante de ellos se encontraba el inquebrantable Mar Rojo y detrás de ellos el formidable ejército egipcio. Menudo estrés. Pero ahí estaba Dios. El agua que amenazaba con destruir a los israelitas al principio sirvió como un muro de protección y después como un medio para acabar con el mal. Fue un milagro que solo el Dios Todopoderoso del cielo podía hacer.

Cuando sintamos que estamos rodeadas de enemigos por todas partes, cuando nos cueste vencer las dificultades que nos rodean, cuando sintamos como si el mundo fuera a derribarnos, no tenemos que preocuparnos, porque nuestro Padre celestial luchará por nosotras. La batalla es suya. Dios aún hace milagros. A pesar de nuestras preocupaciones y ansiedades, avancemos en fe y obediencia incluso cuando la dificultad nos rodee. Después observemos y veamos lo que Dios hará.

¿Qué seguridad tienes de que Dios está siempre contigo?

Pide consejo

Los pensamientos son frustrados donde no hay consejo;
mas en la multitud de consejeros se afirman.
PROVERBIOS 15:22, RVR1960

La vida está llena de decisiones. Algunas son decisiones importantes que alteran la vida, y otras son pequeñas. ¿Debería ir a la universidad, escoger esta u otra profesión, mudarme a otra ciudad? ¿Debería plantar un jardín, comprar una casa, vivir en un departamento, asistir a ese seminario o ir a tomar con café con una amiga? ¿Qué hay de ser vegetariana, crear una cuenta de ahorros o adoptar una mascota? Algunas de nuestras decisiones quizá no requieren mucho más que algo de sentido común. Comer sushi o albóndigas es algo que tiene que ver con los gustos personales, pero las grandes decisiones requieren algo más.

Antes de comprarte un automóvil, deberías calcular cuánto te puedes gastar, si es nuevo o usado, si es fiable o si puedes arreglar la mayoría de los problemas. Deberías averiguar qué piensan otras personas que tienen ese vehículo. ¿Es una chatarra de auto? ¿Tiene un buen consumo? ¿Cuánto te costará el seguro? Dios nos ha mandado investigar y planificar. Una persona sabia tomará este consejo para las decisiones importantes de la vida. Dios no quiere que falles. Él quiere bendecirte y ayudarte a prosperar.

¿Tienes algunas decisiones importantes que tomar
en un futuro cercano? ¿Hay personas de confianza
a las que puedas pedir ayuda?

Totalmente despierto

Él no permitirá que tropieces; el que te cuida no se dormirá.

SALMOS 121:3, NTV

Las luces atenuaban los pasillos del hospital. Las máquinas zumbaban, deteniéndose y arrancando. De vez en cuando, sonaba el pitido de una alarma. Las enfermeras salían y entraban a toda prisa de las habitaciones de los pacientes sin sonido alguno. Una madre estaba sentada junto a una cama de hospital de hierro, con la cabeza inclinada, los hombros caídos mientras se tragaba los sollozos que le retorcían desde el alma. Sostenía la mano de su hija cubierta con esparadrapo y tubos. Tras meses de tristeza al lado de su cama, no quería dormir. Aunque cada fibra de su ser se lo pedía, si se dormía, en la mañana su hija podría haberse ido.

Hay veces en nuestra vida cuando necesitamos desesperadamente dormir pero lo tememos. Nuestro corazón teme lo que nos pueda deparar el mañana, y nuestra mente no se puede imaginar la agitación de corazón que pudiera traer el amanecer. Así que forzamos nuestros párpados para que no caigan, sabiendo que después de nuestra noche puede haber vida en otra forma. Tememos lo que la mañana del día siguiente pueda traer. Sentimos la agonía de que podamos necesitar aprender a vivir de nuevo de una forma distinta con la compañía del dolor. Cuando se filtra la luz de la mañana, nos recordamos este versículo y sabemos que Dios no se ha dormido. Él ha estado cuidándonos toda la noche.

¿Qué te aporta sueño y paz en tus tiempos de temor?

El amor cubre

Sobre todo, ámense los unos a los otros profundamente,
porque el amor cubre multitud de pecados.
1 Pedro 4:8, NVI

El amor es lo que nos distingue del mundo. Nos identificamos con Jesús por el amor. A menudo el amor no se gana o merece; se da. El amor puede ser muy difícil y exige toda nuestra fuerza. De hecho, el tipo de amor que Pedro está definiendo aquí con la palabra profundamente viene de la palabra griega *ektene*, que era un término usado para definir los músculos de un atleta cuando se tensaban para ganar una carrera. Con esta misma determinación, tenemos que amarnos unos a otros profundamente por encima de todo.

Cuando amamos a los demás profundamente, no hay espacio para que el pecado se infecte y cause amargura. Podemos perdonar pecados, enfocarnos hacia delante, arreglar relaciones, y dejar la injusticia en las manos capaces de Cristo. Esto no es fácil, pero con amor es posible. El amor que Dios nos muestra se levanta en contraste directo con el amor que los medios de comunicación y el mundo intentan vendernos. Es un amor que no está manchado por el pecado. Podemos escoger cubrir el pecado con amor, como Dios hace con nosotras.

¿Hay alguien en tu vida a quien te cuesta amar?
¿Te lo impide el rencor o la amargura?

Expresión musical

Al contrario, sean llenos del Espíritu. Anímense unos a otros con salmos,
himnos y canciones espirituales. Canten y alaben al Señor con el corazón.
Efesios 5:18-19, NVI

La memoria es una parte fascinante de nuestro cerebro. Tenemos
recuerdos que se activan con ciertos olores, como una colada
recién salida de la lavadora, o gustos, como un cono de helado.
Muchos recuerdos se activan mediante la música. Las canciones
pueden crear o destruir un momento, y quedarse en tu cabeza con
una tenacidad incesante. A pesar de cuán poderosa es la música,
a menudo dejamos de usarla como una herramienta. Dios quiere
que participemos en la expresión musical. Quizá te está dando un
codacito para que pases el tiempo que empleas en tus traslados
escuchando adoración en lugar de tertulias en la radio.

Lo hermoso es que la canción puede contener las palabras de ánimo
que necesitas. Una canción de adoración puede hacer que recuerdes
a una amiga en necesidad y dirigirte a que ores por ella. No dejes de
expresarte con música desde tu corazón. Llena tu vida de canciones
que hagan que tus ojos miren hacia arriba, y deja que la música te
dirija a luchar por otros en oración.

¿Qué canciones han estado en tu corazón
y en tu mente últimamente?

Da el salto

El Señor es mi fuerza y mi escudo; mi corazón en él confía; de él recibo ayuda. Mi corazón salta de alegría, y con cánticos le daré gracias.

Salmos 28:7, NVI

La mayoría de las cosas importantes de la vida exigen cierto riesgo. Cada una probablemente puede decir que ha tomado algunas decisiones necias en la vida, pero también hemos tomado algunas increíbles. Algunos de nuestros riesgos terminan en desastre, pero otros en plena belleza.

Algo que todos los riesgos tienen en común es que nos enseñan algo. Nunca salimos siendo las mismas. Y, aunque dar el paso y asumir el riesgo es algo que asusta, descubrimos nuestra valentía en la situación. Puedes tomar riesgos medidos con el Señor, sabiendo que Él quiere que tengas una vida de aventura. Cuando Él te pide que des el paso, sabes que será un riesgo que vale la pena.

¿Cómo puedes dar un salto de fe hoy?

Al mando

*Ni siquiera soy digno de ir a tu encuentro. Tan solo pronuncia
la palabra desde donde estás y mi siervo se sanará.*

Lucas 7:7, ntv

A la mayoría nos gusta pensar que estamos en control de las situaciones. A menudo pensamos que estamos más relajadas cuando estamos en control, pero por muy bien que nos sintamos estando al mando, hay veces en las que nos alivia cederlo. Nos damos cuenta de lo mucho que no podemos controlar. Nada hace que eso sea tan real de una forma tan forzada como la enfermedad, la nuestra o de otra persona que amamos. Del mismo modo que el centurión daba órdenes y le obedecían, él creía que la autoridad de Jesús podía curar la enfermedad de su siervo. Él entendía el poder de la orden de Jesús.

A menudo giramos nuestro volante intentando que nuestras cosas giren como a nosotras nos gustaría. Si te han etiquetado de fanática del control, sabes cuán difícil es soltarlo. Ceder el control puede ser doloroso, pero también puede ser un gran alivio y un gran paso hacia el descanso. La autoridad es algo maravilloso. Cuando intentamos manejar la vida por nuestra cuenta, se convierte en una carga pesada. Si vemos que el descanso nos esquiva y el sueño es imposible, tenemos que revisar quién está en control. Cuando nos sometemos a Jesús, esto nos quita de encima el pesado yugo de control.

¿Qué te resulta difícil someter a la autoridad de Jesús?

Dondequiera que vaya

*Si levantara el vuelo hacia el oriente, o habitara en los límites
del mar occidental, aun allí me alcanzaría tu mano;
¡tu mano derecha no me soltaría!*

SALMOS 139:9-10, DHH

Avanzar desde cualquier lugar puede ser algo desconcertante.
Una nueva circunstancia, casa, o incluso un país significa que
tenemos que dejar aquello con lo que estamos cómodas y salir a lo
desconocido. Anímate sabiendo que, vayas donde vayas, el Señor
siempre irá contigo. Él está tan al oriente como el amanecer y tan
al occidente como el atardecer. Él te guiará cuando te muevas, y te
sostendrá cuando llegues.

El mundo es pequeño comparado con la presencia de Dios. Él
promete estar con nosotras dondequiera que vayamos. Él guiará
los siguientes pasos de tu vida y te dará la confianza para avanzar
donde Él te haya llamado. Puedes confiar en Él desde el amanecer
hasta el atardecer.

¿Cuándo sientes más la presencia de Dios contigo?

Abril

"No os entristezcáis,
porque el gozo de Jehová
es vuestra fuerza".

NEHEMÍAS 8:10, RVR1960

Llena de confianza

Siempre tengo presente al Señor; con él a mi derecha,
nada me hará caer. Por eso mi corazón se alegra,
y se regocijan mis entrañas; todo mi ser se llena de confianza.
SALMOS 16:8-9, NVI

No importa dónde estés, Dios también está ahí. Aunque tal vez hay veces en las que nos duele escondernos de Él por nuestra vergüenza, Él es una presencia constante. Lo hermoso de su omnipresencia es que tenemos un compañero firme y constante que siempre está dispuesto a ayudarnos en tiempos de dificultad.

No tenemos razón para temer las cosas que el mundo pueda lanzar a nuestro camino. ¡Tenemos al mejor protector de todos a nuestro lado! ¿Estás pidiéndole ayuda en tiempos de preocupación y aflicción, o estás recurriendo a tu interior para intentar resolver tus problemas? Deja que Dios sea tu refugio. Nada es demasiado grande o pequeño para Él. Incluso en tus momentos más oscuros, puedes conocer el verdadero gozo porque Él es tu guardián.

¿Cómo puedes tomar tus preocupaciones y angustias,
y entregárselas a Dios? ¿Sabes que Él puede llevarlas?

Apartada

"Antes de que nacieras, ya te había apartado".
JEREMÍAS 1:5, NVI

Nadie fue un accidente o una ocurrencia tardía. El Señor ha creado cuidadosamente a cada persona de forma única. Él nos amó a cada una antes de incluso haber nacido, porque planeó en su corazón y en su mente exactamente cómo seríamos.

A veces intentamos desviarnos de cómo el Señor nos creó y del llamado que ha puesto en nuestra vida, pero al buscar la paz para aceptar quiénes somos y cómo fuimos formadas, podemos tener la confianza de que el Señor nos conoce profundamente. Él nos conocía antes de que el mundo comenzara a herirnos e influenciarnos, y Él sabe también cómo restaurarnos.

¿Cómo eres apartada?

Dones diferentes

Dios, en su gracia, nos ha dado dones diferentes para hacer bien
determinadas cosas. Por lo tanto, si Dios te dio la capacidad de profetizar,
habla con toda la fe que Dios te haya concedido.

ROMANOS 12:6, NTV

¿De qué sirve si alguien diera un regalo a un hijo, pero ese hijo
nunca lo abriera o lo usara? Dios nos ha dado a cada una habilidades
naturales, talentos y dones espirituales. Él quiere enseñarnos a usarlos
y para qué son. Con la fe que tenemos, Él nos pide que actuemos en
base a nuestros dones. Con el tiempo, nuestra fe crecerá.

Imagínate si el niño que recibió el regalo solo quisiera jugar a
solas. Los grandes planes de Dios para dar dones incluyen servir y
animar a todo el cuerpo de creyentes. Él nos ha dado a cada una una
posición especial en su familia y las herramientas que necesitamos
para hacer bien nuestra parte. Nuestros dones no son solo para
nosotras sino también para usarlos para ayudar a otros.

¿Tienes la fe para salir y usar tus dones?
¿Cómo pueden bendecir a otros?

Escogidas

Mas vosotros sois linaje escogido, real sacerdocio, nación santa,
pueblo adquirido por Dios, para que anunciéis las virtudes de aquel
que os llamó de las tinieblas a su luz admirable.

1 PEDRO 2:9, RVR1960

En ocasiones, necesitamos un empujoncito para que todas las piezas de nuestra disposición se alineen con las de Dios. El empujoncito de hoy es un gran recordatorio de nuestra identidad como cuerpo de Cristo. Somos sacerdotes vivos sirviendo al Dios vivo. Él ha resucitado, y nosotras somos individual y conjuntamente de Él. Por eso, cada una camina en su luz, y también pastoreamos a otros para que vengan a la luz.

A veces, es difícil deshacernos de los molestos sentimientos del día. Nos parece apropiado tener una opinión más baja de nosotras mismas y de nuestras circunstancias (y quizá de otras personas). Pero la verdad es que la opinión de Dios es nuestra opinión, y tenemos que gritar eso en todo lo que hacemos. Los sacerdotes llevan un mensaje al pueblo. ¿Qué mensaje llevas tú hoy?

¿Cómo compartirás las buenas nuevas
de la voluntad de Dios a otros?

Un amor genuino

Ámense unos a otros con un afecto genuino
y deléitense al honrarse mutuamente.

ROMANOS 12:10, NTV

Una de las cosas más difíciles de hacer es amar a alguien que no quiere ser amado. Amar a los que se alejan de ti cada vez que intentas ayudarlos, a los que son difíciles y a los que tal vez son un poco malos contigo es descorazonador, desalentador, e incluso costoso.

El amor genuino sigue apareciendo. Continúa extendiendo una mano de gracia. Sirve en cada forma posible. Ve a la persona en su totalidad. A veces, la dureza de una persona es solo una máscara. A menudo, esas personas difíciles necesitan saber en lo más hondo que vale la pena el esfuerzo.

*¿Hay alguien en tu vida que sea difícil de amar?
Acércate hoy a él o ella y déjale saber que estás ahí.*

Escrito

El hombre hace muchos planes, pero solo se realiza el propósito divino.
PROVERBIOS 19:21, DHH

Nuestro futuro, al igual que nuestro pasado, está en las manos de Dios. No fuimos una ocurrencia tardía o un detalle extra prescindible. De hecho, fuimos creadas para desempeñar un papel muy específico en la familia de Dios, y somos irremplazables ante los ojos del Señor. Él nos hizo a todos en base a la abundancia de su amor, y por su diseño vinimos a existir.

Durante los días difíciles podemos recordar que el Señor tiene un propósito para esos días también. Dios conoce cada uno de nuestros días, y nos destinó incluso antes de que comenzara nuestra vida. El punto de los días difíciles no es solo avanzarnos hacia los días buenos. Hay lecciones increíbles que aprender y perspectivas que obtener de cada día que se nos da.

*¿Qué te da gozo y aprecio para
los días difíciles de la vida?*

Ajetreo

Venid vosotros aparte a un lugar desierto, y descansad un poco.
Porque eran muchos los que iban y venían, de manera
que ni aun tenían tiempo para comer.

MARCOS 6:31, RVR1960

Nuestras vidas están tan llenas, que a menudo nos cuesta encontrar tiempo para pasarlo con Jesús. Tenemos tantas cosas que demandan nuestra atención, que puede resultar difícil encontrar tiempo para consagrar una parte de nuestro día a Dios. Él, quien ha existido eternamente, no está afectado por el tiempo. Como Él está fuera del tiempo, el tiempo no lo limita como nos limita a nosotras. Cuando tomamos aunque sea unos pocos minutos sagrados para pasarlos en su presencia en medio de nuestro ocupado día, Él se encuentra con nosotras ahí y descarga profundas verdades en nuestro corazón.

En los días en que sientas que no tienes tiempo ni para comer, pídele a Dios que te dé la gracia para encontrar unos momentos a solas en su presencia. Dios hablará abundantemente a un corazón que se abre a su verdad, incluso en medio del ajetreo de tus días más ocupados.

¿Cómo puedes abrir tu corazón a la verdad
de Dios incluso en tus momentos ocupados?

Verdad en el corazón

Jehová, ¿quién habitará en tu tabernáculo?
¿Quién morará en tu monte santo? El que anda en integridad
y hace justicia, y habla verdad en su corazón.

SALMOS 15:1-2, RVR1960

Nuestros pensamientos necesitan dirección porque la mayoría del tiempo se desvían. Es algo natural enfocarse en una misma durante el día. Al hacer esto, las inseguridades y los temores pueden ser fortalecidos subconscientemente. Es importante hacer una pausa a lo largo del día y hacer inventario para ver dónde hemos dirigido nuestra mente.

Hay un gran valor en controlar de forma activa la mente. Es crítico hablar la verdad en nuestro corazón. No te desanimes cuando veas que no estás caminando de cerca con Dios. Puedes verlo como una revelación de Dios para ayudarte a corregir tu rumbo. Él te dará la fuerza que necesitas para alinear tu mente con su verdad.

¿Estás hablando verdad en y a tu corazón?

Camina sabiamente

Así que tengan cuidado de su manera de vivir.
No vivan como necios, sino como sabios, aprovechando
al máximo cada momento oportuno,
porque los días son malos.

EFESIOS 5:15-16, NVI

Pablo había sido golpeado, había sufrido naufragio, había sido apedreado, encarcelado, y no tenía hogar. Era muy consciente de que cualquier día podía ser el último. Aunque tal vez no hayamos estado tan cerca de la muerte tan a menudo como él, tampoco sabemos cuándo terminará nuestra vida.

Nuestro tiempo en la tierra no solo es corto, sino que también está lleno de días malos. En cada lugar donde miramos, hay personas necias que viven para sí mismas y rechazan la gracia de Dios. Nuestra vida debería estar guiada por la sabiduría que viene de Dios para poder agradarlo y ser un ejemplo para otros. Cuando vivimos así, podemos sacar el máximo provecho de cada oportunidad para dar testimonio a otros.

¿Cómo caminas en sabiduría?

Acepta tu don

> No descuides el don que hay en ti, que te fue dado mediante profecía con la imposición de las manos del presbiterio. Ocúpate en estas cosas; permanece en ellas, para que tu aprovechamiento sea manifiesto a todos.
>
> 1 Timoteo 5:14-15, RVR1960

Pablo escribió a Timoteo, animándolo a usar su don de enseñanza. ¿De qué sirve tan solo tener un don si se nos olvida usarlo? Dios ha invertido un conjunto único de rasgos en cada una de nosotras para reflejarlo a Él y para desempeñar una parte intrínseca de su plan.

Dios nos enseñará a usar nuestros dones y nos ofrecerá oportunidades de ponerlos en práctica si confiamos en su guía y dirección. Es importante que nos refrenemos de volvernos celosas del don de otra persona y que alabemos a Dios por los dones que nos ha dado, aprendiendo a usarlos para su gloria.

¿Cómo puedes aprender a usar tus dones sabiamente?

Pobreza

A Jehová presta el que da al pobre,
y el bien que ha hecho, se lo volverá a pagar.
PROVERBIOS 19:17, RVR1960

La gente puede ser pobre de muchas maneras. En nuestro entorno, tal vez no nos crucemos con la verdadera pobreza ni veamos personas sin hogar en nuestra vida cotidiana; pero hay muchos que sufren de pobreza de gozo, esperanza y amor. Hay muchos a tu alrededor, incluso hoy, que están heridos por una falta de que alguien los ame, o sufren de desesperación.

Pídele al Espíritu Santo que te muestre quiénes son pobres de espíritu y busca una manera de llevar gracia a su situación. Quizá sea una ayuda práctica, una palabra amable o una invitación a tomar un café. Deja que la gracia que habita en ti sea derramada sobre los que te rodean, sabiendo que tu Padre celestial estará repleto de gozo cuando compartes su amor con otros.

¿De qué formas y maneras has visto pobreza en las personas que te rodean? Piensa en las formas en las que puedes prestar a los pobres.

Inundación

El Señor gobierna las aguas de la inundación;
el Señor gobierna como rey para siempre.

Salmos 29:10, ntv

Imagina una época de tu vida en la que estabas hasta la coronilla de ocupación, anegada en tristeza o extremadamente agotada. Imagínate esa etapa y cómo te veías, actuabas, reaccionabas y sobrevivías.

Ahora imagínate al Rey del cielo y de la tierra. Mira cómo gobierna sobre toda la tierra. Este Dios poderoso quiere que te apoyes en Él, y eso parece fácil de hacer cuando entiendes cuán grande y poderoso es Él. Si te has despertado sintiéndote cansada, apóyate en la fuerza de tu Salvador.

¿Te sientes cansada y débil? ¿Cómo puedes confiar
en que Dios será hoy tu fuente de poder?

Un rostro alegre

El corazón alegre hermosea el rostro;
mas por el dolor del corazón el espíritu se abate.

PROVERBIOS 15:13, RVR1960

El verdadero gozo es duradero y no se desanima por las circunstancias aquí en la tierra, porque está causado por la esperanza que tenemos en Jesús para nuestra eternidad. Como está asegurado en lo que no fallará, no lo puede quebrantar nada de lo que sabemos que es momentáneo. Nuestro gozo es un regalo que nadie nos puede quitar. Nos ayuda a encontrar alegría cuando todo en nuestra vida parece estar en desorden.

Habrá momentos de tristeza durante nuestra vida. Cada una de nosotras enfrentará sus propias tragedias. Cuando damos pie a la tristeza y permitimos que dicte nuestra condición, es cuando nuestro espíritu se quebranta y ya no podemos encontrar la motivación para seguir adelante. Con la eternidad en nuestro corazón, debemos aferrarnos al gozo que se nos ha dado. Nos dará la fuerza y la determinación que necesitamos para vencer.

¿Cuál es la diferencia entre tener gozo y sentirse alegre?

Matar gigantes

David le contestó: —Tú vienes contra mí con espada, lanza y jabalina,
pero yo vengo a ti en el nombre del SEÑOR Todopoderoso,
el Dios de los ejércitos de Israel, a quien has desafiado.
Hoy mismo el SEÑOR te entregará en mis manos.

1 SAMUEL 17:45-46, NVI

¿Recuerdas la historia bíblica del pastorcito David y el gigante
filisteo, Goliat? El filisteo estuvo mofándose de los israelitas por
cuarenta días, retando a que alguien saliera a luchar contra él. Decir
que los israelitas estaban estresados es poco. Goliat era enorme y
aterrador, y ninguno era lo suficientemente valiente como para luchar
contra él, salvo ese pastorcito que buscó cinco piedras lisas del arroyo.

Todos tenemos gigantes en nuestra vida. Nuestros gigantes son reales
y pueden trastocar nuestro mundo, estresándonos hasta el límite. En
esos momentos, tenemos que acordarnos de lo que hizo ese pastorcito:
iba a enfrentarse al gigante armado con Dios. Ahí es donde reside el
poder. Los gigantes nos estresan, pero Dios pelea nuestras batallas.
La próxima vez que te veas agobiada de estrés por situaciones que no
puedes arreglar, acude a Aquel que sí puede. Después, ve con su fuerza
y ve cómo Él conquista las situaciones que te estresan y te preocupan.

*¿Qué crees que le dio a David el coraje para levantarse e ir
hacia el gigante cuando otros no lo hicieron?*

Una nueva criatura

De modo que si alguno está en Cristo, nueva criatura es;
las cosas viejas pasaron; he aquí todas son hechas nuevas.
2 CORINTIOS 5:17, RVR1960

El pijama de Sara no tenía dibujos de gatitos, zapatos de estilo o tazas de té con frases bonitas. Su colchón no era de quince centímetros de espesor con un acolchado de látex encima. No se despedía de sus seres queridos y después se dormía con una música tranquila de fondo. El pijama de Sara era el de la prisión. Su colchón era delgado, la celda deprimente, y estaba lejos de sus seres queridos, tanto en distancia como en relación. Ni en sus sueños más disparatados se podía haber imaginado estar alguna vez en esa celda.

Cada noche cuando se acostaba, lo único que veía en la oscuridad era la imagen del rostro quebrado de dolor de su madre. Solo escuchaba su llanto y sus lágrimas. No había podido dormir bien desde su encarcelamiento. Es difícil dormir cuando la culpa y la vergüenza no te dejan respirar. Pero entonces, durante un servicio en la cárcel, oyó la historia del amor de Dios. Escuchó acerca de un Dios de gracia y misericordia, alguien que podía hacer una nueva criatura de su vida maltrecha. Sara le pidió a Jesús que entrara en su corazón ese día, y por primera vez en mucho tiempo, tuvo dulces sueños.

¿De qué forma ser una nueva criatura te aporta
un dulce descanso?

Personas pequeñas

Porque el Hijo del hombre vino a buscar y a salvar lo que se había perdido.
LUCAS 19:10, NVI

Cuando nuestro cuerpo está cansado y nuestro espíritu también, es fácil mirar a este mundo tan grande y sentirnos muy pequeñas. Intentamos no prestar atención a los números, pero lo hacemos. Vemos los pocos "me gusta" que recibimos en las redes sociales o vemos promociones que vuelan y aterrizan sobre otras. Nos preguntamos por qué estamos dando vueltas a nuestra rueda. ¿Por qué las riquezas van en otra dirección? Y a veces llegamos a conclusiones.

Soy una persona pequeña.

Las personas pequeñas tienen un gran valor para Jesús. Tarde o temprano, todas miramos a nuestro alrededor y comparamos. El rango de nuestro diminuto lugar en un mundo tan grande se encoje en nuestra mente como algo insignificante, y nos metemos en la cama preguntándonos si toda la prisa y el duro trabajo tienen algún valor o propósito. Jesús vino para todos. Él es nuestra salvación y nuestra preeminencia. Las personas pequeñas con un gran Dios tienen un propósito divino. Piensa hoy en eso.

¿Qué te hace sentir insignificante, y cómo afecta eso a tu descanso? ¿Cómo cambian los propósitos de Dios esos pensamientos?

Refugio y fuerza

Dios es nuestro refugio y nuestra fuerza; siempre está dispuesto a ayudar
en tiempos de dificultad. Por lo tanto, no temeremos cuando vengan
terremotos y las montañas se derrumben en el mar.

SALMOS 46:1-2, NTV

Como tenemos una perspectiva eterna y sabemos que Dios es
nuestra ayuda en tiempos de dificultad, podemos tener confianza
en lugar de temor cuando llegue algún desastre. Cuando otros están
llenos de preocupación o duda, nosotras seguimos enfocándonos en
Dios y confiando en que su mano nos guiará.

Nuestra fuerza y nuestro valor vienen de Dios. Aunque todo se
desmorone a nuestro alrededor, podemos encontrar refugio en
Él porque Él es mayor que el mundo. Él siempre está preparado
para ofrecer consuelo a su pueblo y esperanza en tiempo de
tragedia. Podemos pedir que su entendimiento transforme nuestra
mentalidad mundana. No tenemos que preocuparnos por el
futuro como los que confían en sí mismos. No tenemos que buscar
protección bajo escudos temporales porque Dios nos cubre. No nos
acobardamos ante el peligro como aquellos cuya única defensa son
ellos mismos. Dios es nuestro refugio y nuestra fuerza.

¿Cuál es tu reacción inicial cuando llega la catástrofe?

Duerme como un rey

Aquella noche el rey no podía dormir, así que mandó que le trajeran las crónicas reales —la historia de su reino— y que se las leyeran.

ESTER 6:1, NVI

Algunas noches caemos rendidas en la cama. Otras noches es un proceso largo y delicioso de relajarnos y dejar que el ajetreo del día se disipe. Quizá tienes una rutina a la hora de acostarte que te ayude a relajarte, como un libro, un baño caliente o una buena taza de té de camomila. La mayoría no escogeríamos la estrategia del rey Jerjes en el libro de Ester, aunque, sin embargo, el puro aburrimiento de leer registros probablemente nos dormiría a cualquiera.

Dios usa incluso las noches de insomnio para sus propósitos. ¿Podría ser que Dios tenga tus ojos abiertos y tu mente alerta por una razón invisible? Tu razón puede ser tan sencilla como la oración. Quizá alguien necesita intercesión y tú estás despierta para ese propósito. Dios usó la noche de insomnio del rey para expresar gratitud por una bendición pasada. Pero, finalmente, su insomnio humilló a los enemigos de Dios y salvó a una nación. Su tedio de listas y eventos demostró ser parte de un plan mucho mayor.

¿Te despiertas a veces con alguien en la mente que crees que necesita oración? ¿Qué haces?

Vulnerabilidad

Pero él nos da mayor ayuda con su gracia. Por eso dice la Escritura:
«Dios se opone a los orgullosos, pero da gracia a los humildes».
SANTIAGO 4:6, NVI

Algunos de los cambios más sustanciales y finalmente maravillosos en nuestra vida vienen de momentos de vulnerabilidad: de poner nuestras cartas sobre la mesa, por así decirlo, y dejar que otra persona sepa realmente cuánto nos importa. Pero la vulnerabilidad necesita un ingrediente: humildad. Y la humildad no es una píldora fácil de tragar. ¿Acaso no es más fácil a veces pretender que el conflicto nunca sucedió que enfrentar el hecho de que cometimos un error y ofendimos a otra persona? No siempre es fácil humillarnos y luchar por la resolución de una disputa, especialmente cuando eso significa admitir nuestras faltas.

¿Quién eres tú ante el conflicto? ¿Evitas disculparte en un intento de salir bien parada? ¿Tu orgullo se interpone en el camino de la vulnerabilidad, o estás dispuesta y lista para humillarte para la restauración en tus relaciones? Dios dice que Él dará favor y sabiduría a los humildes.

¿Qué puedes hacer hoy para humillarte por causa de una relación restaurada?

Por fe o por vista

> Por eso mantenemos siempre la confianza, aunque sabemos
> que mientras vivamos en este cuerpo estaremos alejados del Señor.
> Vivimos por fe, no por vista.
>
> 2 CORINTIOS 5:6-7, NVI

A veces demandamos mucho de Dios. "Dios, me gustaría esta casa"; "Dios, este es mi trabajo soñado"; "Estoy más que lista para tener un esposo"; y esperamos expectantes. Esperamos a que Él haga lo imposible. Esperamos a que Él nos conceda los deseos de nuestro corazón. Porque, si lo hace, entonces definitivamente Él es todopoderoso. Si lo hace, oyó tu clamor y respondió. Si lo hace, te ama. Eso es vivir por vista.

En 2 Corintios dice que vivimos por fe, no por vista. A menudo dudamos de Dios. Vivir por fe es abandonar todo control que pensamos que tenemos, y sentarnos en el asiento del acompañante con una firme anticipación de adónde Dios nos está llevando.

¿Has estado viviendo por fe o por vista? ¿Cómo puedes soltar los deseos no cumplidos, y comenzar a vivir por fe? ¡Los deseos de Dios para ti son geniales! Él solo quiere lo mejor para ti, y a cambio solo pide tu fe.

Ángeles inesperados

Claman los justos, y Jehová oye,
y los libra de todas sus angustias.
SALMOS 34:17, RVR1960

Algunas veces, tu rescate puede llegar en forma de otra persona.
Clamamos a Dios y le pedimos ayuda, pero no deberíamos presumir
saber exactamente cómo nos va a ayudar. Dios tiene a la humanidad
en su imagen y puede expresarse a través de personas con sus obras
amables, palabras de ánimo, y a menudo un gran consejo o sabiduría.

Dale gracias a Dios hoy por las personas que ha puesto en tu vida
y las formas inesperadas en las que puede usarles para animarte.
Dale gracias por revelarse a ti a través de otros. Dale gracias porque
puedes ser parte de la sanidad y la gracia que Él anhela compartir
con este mundo herido.

¿Por qué cosa estás clamando a Dios ahora mismo?
¿Podría estar respondiéndote a través de otra persona?

Lluvias de bendiciones

No temas, porque yo estoy contigo; no desmayes,
porque yo soy tu Dios que te esfuerzo; siempre te ayudaré,
siempre te sustentaré con la diestra de mi justicia.

ISAÍAS 41:10, RVR1960

*E*l hijo recién nacido de Josefina, Armando, era precioso. Pero según pasaban los meses, comenzó a no hacer cosas que se supone que los bebés deberían hacer en varias etapas. Enseguida quedó claro que Armando no hablaba, ni se sentaba ni caminaba. Más niños se unieron a la familia. Niños sin problemas de salud. Josefina los amaba a todos, con un tierno amor por el hijo pequeño que necesitaba un cuidado extra. Su corazón y sus días estaban llenos. Ella no se quejaba ni un solo minuto por todo el cuidado que le daba, pero estaba más que agotada.

Muchas mujeres habrían sucumbido ante todo el estrés y las demandas físicas, pero no Josefina. Verás, Josefina había descubierto el mejor lugar para conseguir la fuerza que necesitaba. Escuchaba una Biblia en audio, las promesas de la Palabra de Dios empapando cada área de su alma cansada. Ella oraba mientras doblaba la ropa, y ponía música de alabanza y adoración. Las preciosas palabras de las canciones la inundaban de bendiciones al hablar del poder y del consuelo de Dios, y de cómo Él siempre está con nosotras.

*¿Cómo puedes descubrir lluvias de bendiciones
en momentos de prueba?*

Lágrimas en mi almohada

Por la noche durará el lloro, y a la mañana vendrá la alegría.
SALMOS 30:5, RVR1960

Aún medio dormida, Rosa estiró su brazo en la oscuridad para ponerlo alrededor de su esposo… pero solo sintió el lado vacío. Se despertó de golpe, con una gran tristeza inundándola mientras las lágrimas empapaban la funda de su almohada. Él ya no estaba ahí. Nunca volvería a estar. Rosa sabía que Roberto estaba ahora con Jesús, que estaba en un lugar mejor, pero eso no aliviaba el dolor porque su amado se había ido.

Quizá eres como Rosa. Has perdido a tu amado o a alguien cercano. Quizá tu tristeza es tan profunda que te cuesta respirar. Te preguntas si volverás a sonreír alguna vez o cómo enfrentarás las semanas y los meses venideros. Pero lo harás. Aférrate a Jesús. Su amor aliviará el dolor como ninguna otra cosa. Sí, la vida será distinta, pero el sol volverá a brillar. Tú sonreirás, y volverás a reír. Dios no te dejará sin consuelo, y Él será suficiente para todo lo que estás atravesando. Como Él ha prometido, te dará descanso, un dulce descanso, y el gozo llegará en la mañana. Probado y demostrado.

¿Qué puedes hacer cuando la tristeza te inunda?
¿Qué promesas de la Palabra de Dios puedes reclamar
como tus promesas personales?

Árboles sanos

Plantados en la casa de Jehová, en los atrios de nuestro Dios florecerán.
SALMOS 92:13, RVR1960

*D*edica un momento a pensar en un tiempo en el que sentiste que estabas dando lo mejor de ti. Quizá estás pensando en las veces en que utilizabas tus dones y talentos y podías dar testimonio de tu influencia positiva en los que te rodeaban. Puede que no tengas que pensar en un pasado muy lejano para eso, ¡o te podrías preguntar dónde fueron esos días!

Jesús se describe como la vid. Si nos estamos nutriendo de esa fuente, daremos fruto. En tiempos donde sentimos que no estamos floreciendo, puede que el Padre necesite hacer alguna poda necesaria, tanto por la salud de la rama como de toda la vid.

¿Qué áreas de tu vida sientes que Dios ha escogido para podar?
¿Cómo puedes animarte sabiendo que Dios está haciendo eso
para que puedas dar fruto en otras áreas de tu vida?

Acércate a Dios

En él, mediante la fe, disfrutamos de libertad
y confianza para acercarnos a Dios.

EFESIOS 3:12, NVI

El acceso que tenemos para acercarnos a Dios en oración viene por medio del sacrificio de Cristo por nuestros pecados. Hemos sido purificadas y limpiadas, así que podemos acercarnos a Él con libertad. La confianza que tenemos para acudir a Él es por nuestra fe en el sacrificio de Cristo por nosotras. Él murió por nosotras, nos purificó, estableció nuestra fe, y nos invitó a acercarnos a Dios.

Nada de lo que Dios hizo por nosotras fue por nuestro mérito, sino que es un regalo gratuito de salvación y significa que tenemos relación con nuestro Salvador. Solo podemos escoger responder a ello y abrazarlo. Al acudir delante de Él en oración, reconoce que incluso el derecho a acercarte a Dios es un regalo de Él. Dale gracias por romper la separación que había entre tú y Él. Alábalo por la libertad y la confianza con las que te ha llenado. Recuerda cuán bendecida eres de servir a un Dios que desea relacionarse con su creación.

¿Tienes confianza en Cristo? ¿Cómo lo sabes?

La actitud de Cristo

La actitud de ustedes debe ser como la de Cristo Jesús, quien, siendo por naturaleza Dios, no consideró el ser igual a Dios como algo a qué aferrarse. Y, al manifestarse como hombre, se humilló a sí mismo y se hizo obediente hasta la muerte, ¡y muerte de cruz!

Filipenses 2:5-6, 8 NVI

La actitud que tuvo Cristo fue la de servicio y sacrificio. Su humilde obediencia debe servirnos como modelo a replicar. Si el Rey del universo está dispuesto a pasar por alto sus grandiosos derechos por amor, y someterse a todo el maltrato del mundo, entonces nosotras también podemos participar del servicio a los demás en las relaciones que Dios nos ha dado.

Sea cual sea nuestro actual llamado, sabemos que estamos caminando con un Dios que entiende. Él puede ayudarte a abrazar las relaciones que te ha dado con la misma actitud que Él tiene para otros. Puedes amar a otros como Él te ha amado cuando lo haces con sus fuerzas.

Al encontrarte en situaciones que requieren un servicio como el de Cristo, ¿las aceptas también con una mentalidad humilde y obediente?

Compasión y justicia

Por eso el SEÑOR los espera, para tenerles piedad; por eso se levanta
para mostrarles compasión. Porque el SEÑOR es un Dios de justicia.
¡Dichosos todos los que en él esperan!

ISAÍAS 30:18, NVI

La hermosa mezcla de la compasión y la justicia de Dios es lo que nos
da la esperanza de que Él arreglará todo a su tiempo. Anhelamos su
justicia ahora, pero Él retiene por compasión su juicio un tiempo más.

Esta misma compasión perdonó nuestros pecados y nos mostró
gracia cuando merecíamos la muerte. La maravillosa gracia de Dios
nos vuelve a levantar. Esperamos pacientemente al Señor porque
sabemos que su gracia es abundante y su justicia es precisa.

¿Cómo te ha mostrado Dios su gracia?

Milagroso

*Tú eres el Dios que hace milagros, que muestra
su poder entre los pueblos.*

SALMOS 77:14, TLA

La Biblia está llena de emocionantes relatos de poder, sanidad y resurrección. Nos encontramos deseando haber estado ahí cuando el fuego de Dios cayó sobre el sacrificio de Elías, o cuando la tormenta se calmó solo con una palabra, o cuando el ciego recuperó la vista, o cuando Lázaro salió de la tumba.

Dios deja claro que los milagros no cesaron cuando se terminó la Biblia. Su poder no está limitado a los siglos, y Él es tan omnipotente hoy como lo ha sido siempre. Aborda este día con esperanza en tu corazón. Dios es el Dios de lo imposible.

*¿Tienes fe para creer en los milagros que Dios hizo en la Biblia
y para creer que Él puede hacer milagros hoy?*

Vida verdadera

En esto se mostró el amor de Dios para con nosotros, en que Dios envió
a su Hijo unigénito al mundo, para que vivamos por él.

1 JUAN 4:9, RVR1960

La Biblia deja claro que Jesús es el Hijo de Dios y que la vida
verdadera se encuentra solo a través de Él. Dice que Dios lo envió,
lo cual implica que vino aquí desde otro lugar. Jesús no solo nació aquí
como el resto de los mortales; Él existía antes del tiempo con Dios y
como Dios. Ellos son uno y divinos en naturaleza.

Ser enviado también indica que Jesús había recibido una misión.
Él no vino a la tierra en una visita informal, sino con una tarea, la de
demostrar el amor de Dios por nosotros, su completo dominio sobre
la muerte y todas las esferas del mal, y para liberarnos de toda forma
de esclavitud al tomarla sobre sí mismo.

*¿Cómo te recuerda este versículo que el amor es más que un
sentimiento, y que se demuestra mediante acciones y cambios?*

Vida en Cristo

Por tanto, si hay alguna consolación en Cristo, si algún consuelo de amor, si alguna comunión del Espíritu, si algún afecto entrañable, si alguna misericordia, completad mi gozo, sintiendo lo mismo, teniendo el mismo amor, unánimes, sintiendo una misma cosa.

FILIPENSES 2:1-2, RVR1960

La causa y el efecto bosquejados en estos versículos hablan de la relevancia del amor de Cristo y, como consecuencia, del amor cristiano. Cristo es nuestro ánimo y su amor nos consuela. El Espíritu Santo nos guía y está involucrado en nuestra vida. Cualquiera que haya aceptado a Cristo como su Salvador, conoce bien su afecto y compasión.

El siguiente versículo relata el claro resultado de esta moralidad: experimentaremos gozo, amor, y tendremos una mentalidad similar a la de otros creyentes con quienes nos unimos en Cristo. Esta carta fue escrita a los filipenses hace mucho tiempo atrás, y a la vez las mismas verdades son evidentes en nuestra vida hoy. Alaba a Dios por ser el fin de nuestro amor, gozo y unidad.

Si estar unánimes y sintiendo una misma cosa con otros creyentes es un resultado natural del amor de Cristo, ¿por qué hay división en la iglesia?

Mayo

"Así que no temas, porque yo estoy contigo;
no te angusties, porque yo soy tu Dios.
Te fortaleceré y te ayudaré;
te sostendré con mi diestra victoriosa".

Isaías 41:10, NVI

Arrullado para dormir

*Como el discurso de Pablo se prolongaba, un joven llamado Eutico,
que estaba sentado en la ventana, se quedó dormido...*
HECHOS 20:9, NBV

La iglesia estaba llena de adoradores. Un papá joven con su familia encontró una fila vacía y se sentaron. Una música tranquila y conocida acariciaba el aire. Enseguida el más pequeño se quedó dormido, acostado sobre el regazo de su mamá. El papá anhelaba entregarse a las olas de sueño que cerraban sus párpados como pesada lana. El inoportuno agarre del sueño es como una tortura. Ser arrullado para dormir en el momento incorrecto puede ser también muy peligroso, como descubrió Eutico cuando el apóstol Pablo hablaba hasta pasada la medianoche.

La historia de Eutico es mucho más dramática en cuanto a quedarse dormido durante un sermón que la del joven con su familia en la iglesia, pero todas nos podemos identificar. Hay otra forma de ser arrullada para dormir que es incluso más peligrosa. Es ese arrullo que nubla nuestros sentidos a las cosas espirituales. Al renovar y refrescar nuestra vida espiritual, encontramos nueva calma. Si ves que apenas puedes mantener los ojos abiertos cuando deberías hacerlo, pero a la vez das vueltas porque no te puedes dormir en la noche, quizá es un toque de atención espiritual. No importa la hora del día o de la noche, las palabras de Dios brindan descanso.

¿Cómo puedes estar más consciente de tu alerta espiritual?

Pide y recibe

Sigue pidiendo y recibirás lo que pides; sigue buscando y encontrarás;
sigue llamando, y la puerta se te abrirá.

MATEO 7:7, NTV

Obviamente, los discípulos le habían pedido a Dios muchas cosas
antes de que Jesús dijera estas palabras. Sin embargo, Jesús había
estado con ellos en la tierra. Aún no había cumplido en la cruz lo
que había venido a hacer en la tierra, no se había convertido en el
mediador entre Dios y nosotros, el velo aún no se había rasgado,
ni tampoco se nos había dado el Espíritu Santo.

La muerte y resurrección de Cristo proveyó el camino para que
nos acerquemos a Dios otra vez porque nuestros pecados han sido
perdonados. El Espíritu Santo vino para ayudarnos y guiarnos por
el camino que deberíamos ir, y Él reforma nuestra mente para que
sea una con la de Cristo. Cuando oramos y nuestro corazón está
alineado con el de Jesús, Dios nos da todo lo que necesitamos y nos
llena de gozo.

¿Qué significa pedir en el nombre de Jesús?

Anima a otros

Por lo cual, animaos unos a otros,
y edificaos unos a otros, así como lo hacéis.

1 Tesalonicenses 5:11, RVR1960

Los acontecimientos de la vida y la digresión del mundo no deberían asombrarnos o llenarnos de pánico. En su lugar, saber que un día iremos a casa con Jesús debería animarnos y reafirmarnos en los tiempos lúgubres. Somos llamadas a compartir ese ánimo con otros creyentes para que ellos también puedan verse motivados a soportar.

Al edificar a otros, debemos hacerlo con un corazón que anhele verlos prosperar en su vida con el Señor. Como cada persona es distinta, también la forma en que se motivan será distinta. Tenemos que escuchar y aprender del Señor con respecto a sus criaturas. Después, sirvamos humildemente a otros creyentes, dándoles consuelo y animándolos en su fe.

¿Cómo puedes animar a alguien hoy?

Creación admirable

¡Te alabo porque soy una creación admirable!
¡Tus obras son maravillosas, y esto lo sé muy bien!
SALMOS 139:14, NVI

Él Padre nos creó a su imagen para sus propósitos con mucho cuidado y consideración. Deberíamos tener cuidado de no quejarnos por el trabajo de Dios, sino alabarlo por su maravilloso diseño. Él es digno de admiración y no de resentimiento y crítica.

Cuidar de nosotras mismas puede ser una forma de respetar a Dios por su regalo, pero rechazar la forma tan maravillosa en que nos hizo odiando quiénes somos es tener falta de aprecio. Deberíamos considerar que el Señor se deleita en nosotras y nos creó para su deleite. En vez de compararnos con otras personas, podemos pedirle sus ojos para poder ver lo que Él ve. Nos podemos alegrar en nuestro diseño único y maravilloso a la vez que le damos toda la gloria y la alabanza a Él.

¿Buscas mejorarte por desprecio a cómo fuiste creada,
o por cuidar lo que Dios te ha dado?

Amor eterno

Con amor eterno te he amado; por eso te sigo con fidelidad.

JEREMÍAS 31:3, NVI

Los israelitas a menudo se alejaban de Dios para ir en pos de otros ídolos o de ellos mismos. Después, cuando sufrían persecución, regresaban al Señor y, una y otra vez, Él los recibía. Él no desprecia un corazón contrito. El verdadero arrepentimiento no debería presentarse solo cuando se necesita la ayuda, pero el Señor entendía la debilidad de los israelitas y siguió recibiéndolos de vuelta, mostrándoles una bondad infalible.

Incluso cuando tu fe es débil, el Señor te acepta si se lo pides. Él te ayuda a madurar en la fe y te da grandes cantidades de gracia. Su amor es eterno y su compasión es segura. Su misericordia es innegable. Dale gracias por perdonar tus pecados una y otra vez, por llamarte de nuevo a Él y por tratarte como una verdadera heredera de su reino.

Cuando intentas forjar tu propio camino,
¿sientes que el Señor te atrae de nuevo a Él?

El deleite del Señor

El Señor no se deleita en los bríos del caballo, ni se complace
en la fuerza del hombre, sino que se complace en los que le temen,
en los que confían en su gran amor.

SALMOS 147:10-11, NVI

El Señor no carece de fortaleza; nuestra muestra de poder no le impresiona. Quiere que aprendamos a confiar en Él y en su poder en lugar de intentar abrirnos nuestro propio camino en la vida en nuestra propia fuerza. La humildad es mucho más agradable para el Señor que la capacidad. Nuestras destrezas y fortaleza son regalos de Dios, y nuestro humilde amor es nuestro regalo de agradecimiento que le devolvemos.

Tanto el poderoso caballo como la tierna mariposa fueron creados por Dios, Él cuida a ambos, y ambos reflejan un aspecto de su carácter. Aunque nos sintamos seguras y capaces, debemos temer a Dios y seguir su liderazgo. Esto será agradable al Señor y nos ahorrará muchos posibles problemas.

*¿Cómo ha mostrado Dios tanto su fuerza
como su ternura en tu vida?*

Condenación

No juzguen a los demás, y no serán juzgados.
No condenen a otros, para que no se vuelva en su contra.
Perdonen a otros, y ustedes serán perdonados.

LUCAS 6:37, NTV

El Señor exige que sus hijos extiendan gracia a otros, ya que Él nos cubrió con su gracia. Él nos declaró inocentes porque Cristo pagó por nuestros pecados. Sin embargo, si juzgamos a otros, entonces decidimos ceder el veredicto de perdón de Dios hacia nosotras. En cuanto condenamos a otros al no perdonar sus pecados, nos condenamos a nosotras mismas y todos nuestros pecados se nos imputarán.

Pasar por alto el mandamiento de Dios sobre cómo deberíamos amarnos unos a otros es rechazar el amor de Dios por nosotros. Su amor no cambia, pero Él retendrá su gracia de los que se la retengan a otros. Su Palabra es clara. La decisión es nuestra.

¿Te resulta difícil no juzgar a otros?
¿Cómo te ayuda con eso este versículo?

La senda de la vida

La senda de los justos se asemeja a los primeros albores de la aurora:
su esplendor va en aumento hasta que el día alcanza su plenitud.
PROVERBIOS 4:18, NVI

La senda de la vida puede ser traicionera a veces. A menudo nos lleva a lugares a los que no quisiéramos ir; sin embargo, encontramos gozo en el viaje. No solo hay placeres eternos almacenados para los que se mantienen fieles, sino que también hay recompensas aquí y ahora por seguir a Dios. La mayor de estas recompensas es que estamos más cerca de Dios mientras más caminamos con Él. Entendemos mejor su amor, su carácter y su plan porque tenemos una relación con Él.

Seguir a Dios es el único camino que lleva a la verdadera vida eterna. Cuando nos mantenemos en la senda, Él nos llena de gozo, nos da a conocer su presencia, y nos guía durante cada paso del camino.

¿Qué tipo de placeres eternos ha prometido
Dios a los que le siguen fielmente?

Protección

Pero que se alegren todos los que en ti buscan refugio;
¡que canten siempre jubilosos! Extiéndeles tú protección,
y que en ti se regocijen todos los que aman tu nombre.

SALMOS 5:11, NVI

La extraordinaria gracia que Dios nos da provee una protección impenetrable, ¡y un gozo insaciable! Cuando amamos con todo el corazón al Señor, su protección nos da alegría y nos gozamos en ello. Si no conociéramos a Dios, probablemente no apreciaríamos su protección. Lucharíamos contra sus leyes y actuaríamos en desobediencia. Incluso, seríamos vulnerables a todos los ataques del enemigo y a todos los elementos del mundo.

La protección del Señor no garantiza que se nos exime del dolor o la tristeza. Es una seguridad mucho más duradera, protegiendo nuestro corazón de la caída y manteniendo nuestros pies en el camino que conduce a la vida. Los que no entienden intentarán construir su propia barricada, pero para los que nos damos cuenta de lo que conlleva la gracia de Dios, tenemos razones de sobra para gozarnos.

¿Cómo puedes darle gracias a Dios
por su protección hacia ti?

La gran fuga

El Señor sacó a su pueblo de Egipto, cargado de oro y de plata;
y ni una sola persona de las tribus de Israel siquiera tropezó.
SALMOS 105:37, NTV

La historia del rescate de Israel después de cientos de años de
esclavitud en Egipto no se debe tomar a la ligera. Fue un gran
milagro que el pueblo escogido de Dios finalmente fuera liberado.
Hubo generaciones tras generaciones que nacieron y murieron en
esclavitud, y finalmente esta fue la generación que Dios liberó. No
solo fueron libres, sino que también los llenó de oro y plata e hizo que
les resultara fácil escapar.

A veces, estas historias parecen tan lejanas en el tiempo que no nos
identificamos con ellas. Tenemos que recordarnos que Dios es el Dios de
ayer, de hoy por siempre. Él está tan presente hoy como lo estuvo con su
pueblo hace cientos de años. ¡A qué Dios tan poderoso servimos!

¿Qué ayuda necesitas de Dios para escapar de algo hoy?

En sus brazos

Y tomándolos en los brazos, poniendo las manos sobre ellos, los bendecía.

MARCOS 10:16, RVR1960

El término *bendecir* aquí viene de la palabra griega *eulogeo*, que significa celebrar o consagrar. Ya sea que seamos mamás o que cuidemos de otros niños, reconocemos que no tenemos forma de protegerlos y proveer para ellos de forma perfecta. Solo Dios tiene verdadero poder y autoridad sobre sus vidas. Así que tenemos que consagrar nuestros niños a Él, y confiar en que Él los cuida, incluso mejor que nosotras.

Jesús vivió con el ejemplo, y nos ha pedido que sigamos sus pasos. Él dio prioridad a los niños, les celebró e incluso los usó en su misión. Los niños no son una carga para Jesús sino una bendición que Él acepta. Podemos confiarle los niños que hay en nuestra vida.

¿Cómo puedes valorar la vida de un niño hoy?

Dulces sueños

Jesús se levantó y dio una orden al viento, y dijo al mar:
—¡Silencio! ¡Quédate quieto! El viento se calmó, y todo quedó
completamente tranquilo.

MARCOS 4:39, DHH

El viento se levantó y parecía venir de todas las direcciones. La barca comenzó a moverse de lado a lado y a dar tumbos hacia delante y hacia atrás. Los relámpagos iluminaban el cielo oscuro, los truenos sonaban y la lluvia bombardeaba. Los discípulos deberían estar dormidos. Había sido un día estresante de ministerio junto al lago con Jesús. Sin embargo, los discípulos no podían dormir, no con la tormenta violenta que azotaba a su alrededor. De hecho, estaban tan afanados por el mal tiempo que pensaron que perderían sus vidas esa noche.

Las situaciones y los eventos estresantes pueden causar un insomnio temporal. Los discípulos se preocupaban por una tormenta violenta y no podían cerrar sus ojos. Nosotras también podemos preocuparnos por las tormentas de nuestra vida. Dormir es importante para nuestro cuerpo por razones obvias, pero la falta de sueño puede crear ansiedad, y la ansiedad puede llevarnos a una falta de sueño, así que debemos tener cuidado de no caer en un círculo vicioso. Tal vez los problemas nos rodean, pero Jesús nunca nos deja ni nos abandona. Él puede calmar nuestro corazón y aliviar nuestros temores. Dios es totalmente consciente de las tormentas de la vida que nos afligen.

¿Por qué te preocupas aun cuando Jesús está contigo?

Mira hacia arriba

Y corramos con perseverancia la carrera
que Dios nos ha puesto por delante.
HEBREOS 12:1, NTV

El escritor de Hebreos compara nuestro caminar cristiano con correr una carrera. Cuando corremos una carrera, particularmente si es larga, necesitamos perseverar para no abandonar cuando se haga cuesta arriba. Las carreras a menudo comienzan bien, pero inevitablemente llega un punto en el que terminar la carrera parece no solo difícil sino quizá imposible.

Cuando esto sucede, parece que los ojos del corredor miran hacia el suelo y descansa en la monotonía de ver un pie tras otro impulsándolo lentamente hacia adelante. Cuando ves el suelo mientras corres, tu distancia recorrida es casi imperceptible. Sin embargo, cuando miras hacia arriba, hacia tu meta, te vigorizas para aguantar y persistir. Tu llamado como corredora es fijar tus ojos en Dios. Si miras hacia el suelo o detrás de ti, te cansarás, pero poner los ojos en Él te dará toda la fuerza que necesitas.

¿Miras fijamente a tus circunstancias desalentadoras
más que a Jesús?

Trabajar sin descanso

En vano madrugan ustedes, y se acuestan muy tarde, para comer un pan de fatigas, porque Dios concede el sueño a sus amados.

SALMOS 127:2, NVI

Hay días en los que quizá te despiertas un poco más perezosa, con un poco menos de energía y positividad para el día. Quizá te sientes un tanto vacía, como si hubiera un hoyo que tienes que rellenar.

Lo bueno del Dios al que sirves es que en Él puedes estar completa. Él puede llenar ese vacío. Al sentarte con Él, su luz comienza a ser más brillante. Cuando te cuesta levantarte de la cama porque te sientes ansiosa o preocupada por el día que te espera, pídele a Dios la energía y la fortaleza para enfrentar otro día más. Él te dará lo que necesitas.

¿Cómo tienes tu agenda ahora mismo?
¿Estás quemando la vela por ambos extremos,
o tienes tiempo para descansar y conectarte con Dios?

Oportuna

¡Qué grato es hallar la respuesta apropiada,
y aún más cuando es oportuna!
PROVERBIOS 15:23, DHH

Hay situaciones en la vida en las que sientes que te faltan las palabras. A menudo esto ocurre en momentos de profunda tristeza, un shock repentino, o una sorpresa extrema. Las emociones agobiantes pueden ser difíciles de expresar, y cuando alguien comparte estas emociones con nosotras, no siempre sabemos cómo responder. La Biblia habla mucho sobre ser lento para hablar, así que Dios no espera que sepamos qué decir de inmediato.

Una respuesta apropiada para alguien no tiene por qué ser rápida, es buena si es oportuna. La próxima vez que no sepas qué decir, date tiempo para pensar y orar por una respuesta. Hay sabiduría al dejar que el Espíritu Santo te guíe con palabras de ánimo. Piensa en el gozo que puedes llevar a alguien, quizá no al instante, pero a tiempo, con las palabras correctas.

¿Cuándo fue la última vez que sentiste que no eras capaz de
dar una respuesta apropiada? Pídele a Dios que te dé algunas
palabras de ánimo para esa persona, ¡quizá ahora es el
momento correcto para que ella las oiga!

Sueño tranquilo

Yo me acuesto, me duermo y vuelvo a despertar,
porque el SEÑOR me sostiene.

SALMOS 3:5, NVI

Siempre hay algo por lo que preocuparse, ¿no es cierto? Ya sea la salud, la economía, las relaciones o los detalles, hay muchos interrogantes en la vida que fácilmente pueden hacer que nos preocupemos. Qué tal si pudiéramos confiar completamente en que Dios cuidará de nosotras y de nuestros seres queridos. Dios es nuestra roca y solo Él nos sostendrá.

Habrá muchos interrogantes en tu vida. Habrá momentos en los que sentirás como si te hubieran quitado la alfombra sobre la que pisabas y no hay nada que hacer salvo desesperarte. En esos momentos en los que no tienes el control, puedes confiar. Puedes descansar tu alma, tu mente y tu cuerpo en las manos de Aquel que tiene el poder para sostenerte.

¿Qué interrogantes estás enfrentando hoy? ¿Puedes descansar en el conocimiento de que el Señor te sostendrá?

Vence al mundo

Yo les he dicho estas cosas para que en mí hallen paz. En este mundo afrontarán aflicciones, pero ¡anímense! Yo he vencido al mundo.

JUAN 16:33, NVI

No hay mal en este mundo que Cristo no haya vencido ya. Él ha tenido en cuenta todo lo que podría sucedernos y garantiza que podemos vencerlo con su poder. Podemos animarnos y tener confianza sabiendo que nosotras también tenemos la victoria asegurada por la resurrección del Señor Jesús.

Dios nos ha contado su plan para que podamos tener paz sabiendo que nuestro futuro con Él está garantizado. Al margen de las terribles situaciones que enfrentamos en esta vida, todas ellas pasarán. El reino de Cristo es duradero y su victoria es para siempre.

¿Qué pruebas sacuden tu paz y te hacen dudar? ¿Cómo ha demostrado Cristo que Él también ha vencido esas pruebas?

Poder sin límite

Al que puede hacer muchísimo más que todo lo que podamos
imaginarnos o pedir, por el poder que obra eficazmente en nosotros,
¡a él sea la gloria en la iglesia y en Cristo Jesús por todas las generaciones,
por los siglos de los siglos! Amén.

EFESIOS 3:20-21, NVI

La cantidad de cosas que podemos hacer en nuestras fuerzas es
limitada. Realizamos nuestras tareas y podemos hacer mucho,
pero nuestro poder es limitado.

¡Dios no tiene límite en lo que puede hacer! Si le pedimos que obre
en nuestra vida, ¡las cosas que sucederán son imparables! Podemos
hacer mucho más de lo que podríamos pensar o pedir. La mejor
parte es que Él quiere hacerlo por nosotras. Para Él, no es una tarea
a tachar de su lista para que tú dejes de molestarlo.

*¿Qué cosas mayores y más atrevidas puedes pedirle a Dios
hoy? Ora para que Él te dé la capacidad sobrenatural que
necesitas para lograr hacer todo lo que tienes por delante. Su
poder no tiene límites, y Él te lo dará, ¡si tan solo se lo pides!*

Mis ovejas

Yo soy el buen pastor. El buen pastor da su vida por las ovejas.

JUAN 10:11, NVI

Hay algo relajante en pensar en las ovejas y los pastores, a menos, claro está, que seas tú quien cuida las ovejas. Arrearlas, llamarlas, alimentarlas, guiarlas y reunirlas quizá no sea tan fácil. A fin de cuentas, ¿acaso las personas no son como ovejas, y la vida no está llena de pastoreo? ¿No sería hermoso al final del día reunir todos nuestros afanes y dejarlos dentro de un redil para que pasen la noche? Como ovejas descarriadas, las tareas divagan por nuestra mente. Pastorear es un trabajo duro.

Jesús habló sobre el tema de las ovejas y los pastores. Los pastores en el Oriente Medio a menudo dormían en la entrada del redil. El cuerpo del pastor protegía a las ovejas. Con el pastor como puerta, nadie podía meterse con las ovejas. Jesús se ofreció como el único camino al redil. Él es la única puerta, y ese conocimiento provee consuelo y paz. Él nos dio su Palara para guiarnos y dirigir nuestros pasos. Cuando los afanes de nuestra vida se esparcen por nuestras noches como ovejas que saltan sin descanso, Dios quiere que recordemos quién bloquea la entrada. Nadie guarda y protege como Él. Podemos descansar tranquilas en su redil.

¿Qué significa para ti ahora mismo que Jesús sea un buen pastor?

Oculta

¿A dónde podría alejarme de tu Espíritu?
¿A dónde podría huir de tu presencia?
SALMOS 139:7, NVI

*E*stas palabras eran probablemente similares a las que usaron Adán y Eva en el jardín cuando se avergonzaron por su desobediencia. Es como nos sentimos cuando nos avergonzamos de algo que hemos hecho mal. ¡Queremos escondernos y no queremos que nos encuentren!

Está bien sentirse mal por hacer algo malo y sentirse culpable por tomar una mala decisión. Pero no puedes vivir en esa culpa y no te puedes ocultar para siempre. Dios ya sabe dónde estás. Él está buscando restaurarte. Su Espíritu ya está contigo. Si estás intentando huir de Él, ¡es una batalla perdida! En su lugar, ríndete a Él y deja que su gracia te dé gozo.

¿Has tomado malas decisiones últimamente? ¿Sabes que este es el momento perfecto para correr hacia Dios? Él te llama a que salgas de tu escondite y quita tu vergüenza. Confía en que Él cubre tus errores y te dirige por un camino mejor.

Exaltación

Estad quietos, y conoced que yo soy Dios;
seré exaltado entre las naciones;
enaltecido seré en la tierra.

SALMOS 46:10, RVR1960

Este salmo no es una invitación a ser perezosa, sino a prestar atención a Dios. Se espera que los hijos de Dios trabajen duro, sean responsables, y cumplan sus tareas. Sin embargo, no tenemos que intentar forzar como locas nuestro camino por la vida por nosotras mismas, sin prestar atención a la Palabra de Dios o aceptar su ayuda e intervención.

Cuando confiamos en el poder de nuestra propia fuerza, la tentación será exaltarnos a nosotras mismas. Dios es nuestra fuente de poder, y solo Él debe ser exaltado en la tierra. Tal vez, a veces Él escoja honrarnos como hace un buen padre, pero deberíamos estar glorificándolo y reconociendo su liderazgo en nuestra vida.

*¿Tomas tiempo para escuchar a Dios guiándote
y corrigiéndote?*

Acercarnos a Dios

Esta es la confianza que tenemos al acercarnos a Dios:
que, si pedimos conforme a su voluntad, él nos oye.

1 JUAN 5:14, NVI

*E*ste versículo debería derrotar cualquier idea que los cristianos pudieran tener de que Dios es simplemente un pozo de los deseos. Lanzar oraciones al cielo y esperar que nuestros propios deseos se cumplan no es como se espera que los creyentes locamente enamorados y con corazón de siervo se acerquen al Todopoderoso.

Cuando nuestro deseo más profundo es el Señor y que todo el mundo lo conozca, oramos a Él pidiéndole dirección y respuestas que se alineen con sus planes. Eso no significa que tengamos que aprobar nuestras oraciones o que tengamos que dejar fuera los detalles y las peticiones que nos importan, sino que todo se queda bajo una cobertura de entendimiento mutuo de que su plan maestro es lo que queremos y esperamos por encima de todo lo demás.

¿Cómo puedes conocer cuál es la voluntad de Dios,
para que puedas orar en consonancia?

Venga lo que venga

Con mi brazo poderoso lo sostendré y le daré fuerzas.
SALMOS 89:21, TLA

Este versículo fue la promesa de Dios para David cuando lo escogió para ser el rey de Israel. Conocemos en retrospectiva los errores y problemas por los que pasó David. La Escritura nos cuenta la historia de David de bendición, pecado, consecuencia, gozo, batallas, temor y amor.

David pasó por muchas cosas en su vida y la verdad de este versículo prevaleció. Dios le dio gracia y lo sostuvo a pesar de todo lo que vivió. Que este versículo sea tu promesa hoy. Confía en que Dios te inundará con una gracia que te sostendrá en medio de todo lo que vivas hoy.

¿Cómo puedes enfrentar el hoy
con confianza venga lo que venga?

El viaje de la vida

Te pidió vida, se la concediste: una vida larga y duradera.
Por tus victorias se acrecentó su gloria; lo revestiste de honor
y majestad. Has hecho de él manantial de bendiciones;
tu presencia lo ha llenado de alegría.

SALMOS 21:4-6, NVI

Aunque comúnmente asociamos las palabras temor y terror la una con la otra, no significan lo mismo. Tener temor del Señor significa que lo respetamos. Significa que lo miramos con asombro. Él es, de hecho, un Dios de gran gozo. Cuando buscamos estar plenamente en su presencia, podemos encontrar ese gozo.

Nuestro Padre quiere que experimentes su gozo. ¿Bendiciones interminables? ¡Yo quiero eso! Sacúdete cualquier idea antigua de pavor o aprensión que puedas sentir por estar en su presencia y busca el camino de la vida que Él ha puesto delante de ti. Él es una fuente de gran deleite. Gózate en ese conocimiento hoy.

¿Cómo puedes respetar la bondad de Dios en tu vida?

Control propio

Mejor es ser paciente que poderoso;
más vale tener control propio que conquistar una ciudad.
PROVERBIOS 16:32, NTV

¿De qué vale conquistar una ciudad si la otra ciudad tenía mejores intenciones? Si el Señor tuviera que seleccionar a alguien para hacer un trabajo, ¿no tendría más sentido que escogiera al que esté dispuesto a escucharlo y a esperar pacientemente sus instrucciones antes que alguien que sea más poderoso?

Nuestro poder y nuestra fuerza vienen de Dios al igual que nuestro llamado. Poner en práctica las habilidades que Él nos ha dado de forma impetuosa y arrogante no es propio de una hija de Dios. Él nos ha equipado para obedecerlo; por lo tanto, tener control propio y esperar pacientemente las instrucciones del Señor es de más valor que los botines de toda una ciudad.

¿Le has preguntado al Señor cómo usar tus habilidades
y talentos?

Alégrate

¡Vivan con alegría su vida cristiana! Lo he dicho y lo repito:
¡Vivan con alegría su vida cristiana!
Filipenses 4:4, tla

El verdadero gozo es mucho más que mera felicidad. Como cristianas, nos alegramos por la esperanza que tenemos en Jesús. Llegará el día en el que nuestro sufrimiento y nuestro dolor serán enjugados y finalmente estaremos en casa con nuestro Señor. Entender esta poderosa verdad debería llenarnos de un gozo continuo que es más real que nuestras circunstancias.

No deberíamos pasar por alto que, cuando Pablo escribió estas palabras, estaba en la cárcel tras haber sido acusado falsamente. Justo antes de su encarcelamiento había tenido un naufragio, le había mordido una serpiente, y le habían puesto en arresto domiciliario. Sin embargo, por lo consciente que era de su herencia eterna, nada pudo robarle su gozo.

¿Crees que es más difícil escoger gozarse en circunstancias horribles, o recordar gozarse en medio de actividades triviales de la vida diaria? ¿Por qué el gozo siempre es importante?

Insondable

> ¿Acaso no lo sabes? ¿Acaso no te has enterado?
> El Señor es el Dios eterno, creador de los confines de la tierra.
> No se cansa ni se fatiga, y su inteligencia es insondable.
>
> ISAÍAS 40:28, NVI

A diferencia de nosotras, el Señor nunca se cansa de hacer el bien, ni se fatiga por amarnos y por actuar con amor con nosotras. Él es el creador del universo, y sostiene el mundo diligentemente, lo gobierna sabiamente, y lo juzga con justicia. Con vigor y fuerza, provee para toda su creación, desde las aves hasta la hierba y hasta su amada Iglesia.

Con un entendimiento insondable y amor infinito que ninguna de nosotras podríamos entender, Él cuida de todas nuestras necesidades por su gran bondad. Él nos entiende a cada una, considera nuestros deseos y nos da a todas un llamado único. Él es majestuoso y sus caminos son perfectos. Él lo ha hecho todo con cuidado y consideración. Sus ojos están siempre sobre nosotras y nos dirige en el camino de la justicia. Él es un buen Dios que nunca se cansa.

¿En qué sentido es diferente servir a un Dios que entiende en vez de uno que se muestra distante?

Que gane la gracia

Pero, si siguen mordiéndose y devorándose, tengan cuidado,
no sea que acaben por destruirse unos a otros.
GÁLATAS 5:15, NVI

Ver animales salvajes cazando, defendiéndose y luchando por territorio puede ser brutal. Nosotras no somos animales salvajes, pero podríamos detenernos y pensar si no estamos actuando como ellos. Cuando comenzamos a asumir o decir cosas desagradables sobre las personas, puede ser el inicio de un ataque sobre el carácter o un juicio de la forma en que se están haciendo las cosas.

Dios no nos llama a ser las juezas de lo que otros dicen o hacen, sino que quiere que tengamos control propio. En lugar de estar listas para atacar o defender nuestro territorio, deberíamos estar prestas a perdonar, a intentar y entender las perspectivas de otros, y a mantenernos alejadas del peligro del juicio. Deja siempre que gane la gracia. Que tu corazón esté lleno de ella para que se derrame sobre la forma en que tratas a los demás.

¿Necesitas experimentar el perdón de Dios por hablar injustamente de otros? ¿Necesitas recibir sanidad para los que te han herido?

Un peregrinaje

Bienaventurado el hombre que tiene en ti sus fuerzas,
en cuyo corazón están tus caminos.
SALMOS 84:5, RVR1960

Somos una cultura siempre en movimiento. Seguimos corriendo a todas horas lo más rápido que podemos. ¿Tienes el valor de aminorar la marcha? Somos demasiadas las que nos vemos llenas de temor a perdernos algo. Este temor se aferra a nosotras para que vivamos la vida más a la velocidad de una carrera de *motocross* y menos a la forma en que se supone que debe ser: un peregrinaje. Un éxodo de la esclavitud a la libertad. Salimos de la oscuridad hacia la luz. De la muerte a la resurrección. Un peregrinaje es un viaje más tranquilo, no una carrera de velocidad.

Corremos rápido por dos razones: o bien no queremos perdernos nada, o queremos ir deprisa y dejar atrás las cosas difíciles. No te recompensarán por cuán rápido obtuviste el trofeo, o por lo mucho que hiciste por el camino. En este éxodo, la calidad es importante. Deja pasar cosas. Di no. Ve más despacio. No caigas en la tentación de correr. Camina con Cristo, permitiéndole que te haga madurar mientras avanzas.

¿Vas a una velocidad demasiado rápida? Ora para saber cómo sería la vida con un paso más tranquilo.

No destruidos

Nos vemos atribulados en todo, pero no abatidos; perplejos,
pero no desesperados; perseguidos, pero no abandonados;
derribados, pero no destruidos.

2 CORINTIOS 4:8-9, NVI

Somos el tesoro de Dios en vasijas de barro. El Espíritu Santo vive en nosotras y nos capacita para tener el poder de hacer todo lo que el Señor nos ha llamado a hacer. Esta fortaleza no se originó en nosotras, sino del Espíritu, y por eso nuestras vidas testifican de Dios.

Al igual que las vasijas de barro, podemos ser maltratadas y golpeadas en la vida. ¡Quizá incluso nos rompan! Pero el tesoro que tenemos dentro es irrompible. No importa lo que ocurra, no estamos abatidas, no estamos desesperadas y no estamos abandonadas. Lo que Dios ha modelado y redimido no se puede destruir.

¿Estás viviendo como alguien que es indestructible?

No más lágrimas

Pues tú has librado mi alma de la muerte,
mis ojos de lágrimas, y mis pies de resbalar.
SALMOS 116:8, RVR1960

Se nos promete un tiempo donde ya no habrá más muerte, lágrimas, o tropiezos. Esta vida está llena de dificultades, pero podemos vivir con la esperanza de que llegará un día en el que el gozo reinará. Es esta esperanza la que nos ayuda en los tiempos difíciles cuando confiamos que Dios sigue siendo bueno y que tiene planes buenos para nosotras ahora y especialmente en la vida venidera.

Intenta enfrentar valientemente este día con gozo con respecto a tu futuro. ¡No acaba aquí todo! Mira hacia delante para ver una eternidad de gozo, donde el dolor de esta vida ya no existirá. Dale gracias a Dios de que incluso hoy Él puede aliviar tu dolor físico, sanar tu dolor emocional, y restaurar tu debilidad espiritual. Apóyate en Él en los momentos difíciles, y Él te dará fortaleza para vivir con la eternidad en mente.

¿Cómo te ayuda a superar este día la esperanza
de un mañana sin más lágrimas?

Junio

"El Señor es mi fuerza y mi cántico;
él es mi salvación.
Él es mi Dios, y lo alabaré;
es el Dios de mi padre, y lo enalteceré".

ÉXODO 15:2, NVI

Profundo contentamiento

*No lo digo porque esté necesitado, pues he aprendido
a estar satisfecho con lo que tengo.*

FILIPENSES 4:11, TLA

Podemos cerrar nuestros ojos y descansar tranquilas cuando nuestro mundo está en perfecta armonía. Es fácil encontrar paz en tiempos de bonanza. La alegría está a nuestro alcance y nuestros pasos son ligeros y fáciles. En estas épocas, no nos cuesta levantar nuestro rostro al cielo y decir "Aleluya", y declarar su bondad. No obstante, el desafío llega cuando la vida no es fácil. Cuando estamos rodeadas por el dolor y la decepción. Cuando la tristeza parece que nos ahoga, y la esperanza se ve muy lejana. Cuando cada día, casi cada momento, nos parece imposible.

Se nos olvida en esos tiempos que el verdadero contentamiento, el verdadero gozo, sigue estando a nuestro alcance. Solo tenemos que abrir nuestros ojos y nuestro corazón a ello. Sé que es fácil decirlo; sin embargo, cuando aprendemos a ver el gozo en cada circunstancia, somos capaces de afrontar con valentía cada día que tenemos por delante. Nuestras circunstancias no nos definen; más bien, el gozo se arraiga tanto en quienes somos, que encontrar paz se convierte en algo natural. El verdadero contentamiento,
su paz genuina, no se pueden perder fácilmente.

*¿Está basado tu contentamiento en tus actuales circunstancias,
o está arraigado profundamente en tu fe en Cristo?*

Incluso antes de eso

Tus ojos vieron mi cuerpo en gestación:
todo estaba ya escrito en tu libro;
todos mis días se estaban diseñando,
aunque no existía uno solo de ellos.
SALMOS 139:16, NVI

Celebramos nuestros cumpleaños como el día en que nuestro cuerpo totalmente formado vino a este mundo y respiramos por primera vez. Los cumpleaños marcan el comienzo de nuestra vida, pero en este versículo, Dios estaba celebrándote mucho antes de tu nacimiento. Él te vio antes de que incluso fueras formada; Él sabía que estabas destinada para la vida, incluso antes de ese primer aliento. Qué Dios tan maravilloso tenemos, que no solo lo sabe todo, sino que es personal.

Anímate y fortalécete con la verdad de que estabas destinada desde el principio y que tienes un propósito maravilloso. En cualquier cosa que vayas a enfrentar hoy, levanta bien tu cabeza y recuerda a Aquel que te creó para un tiempo como este.

¿Cómo puede cambiar tu forma de enfrentar cada día el saber
que Dios tiene toda su atención puesta en ti?

Valentía alentadora

En el día que temo, yo en ti confío:
En Dios alabaré su palabra;
en Dios he confiado; no temeré;
¿qué puede hacerme el hombre?

SALMOS 56:3-4, RVR1960

Oímos a los padres amonestar a sus hijos que no tengan miedo. Mientras más mayores somos, más temores parece haber. ¿A quién puedes animar hoy, no diciéndole que no tenga miedo, sino pidiéndole que sea valiente? Pedirle a la gente que camuflajee su temor solo funcionará temporalmente, en el mejor de los casos. Pedirles que tomen la decisión de ser valientes les da confianza en el carácter y el cuidado de Dios.

No apagues lo que sientes y avanza en tu propia fuerza. Sé valiente en las situaciones que te producen temor, sabiendo que Dios pelea por ti. ¿A quién conoces que necesita oír esto hoy? Deja que Dios te use como su canal para llevar libertad. Ayuda a otros a quitarse su máscara y entrégales la bandera de la valentía.

¿A quién puedes ayudar a caminar en valentía hoy?

Oh pueblos

Esperad en él en todo tiempo, oh pueblos;
derramad delante de él vuestro corazón;
Dios es nuestro refugio.
SALMOS 62:8, RVR1960

Nos gusta pasar tiempo en nuestra relación personal con Dios, y sin embargo nuestra fe tiene que ver con algo más que nosotras mismas. Fuimos creadas para estar en comunidad con otras personas, y un beneficio realmente importante de una comunidad cercana es que podemos ser animadas, o animar a otros en tiempos de angustia.

Piensa cuándo fue la última vez que te sentiste realmente ansiosa o desanimada y pensaste en quién sería la persona indicada con la que compartir esos sentimientos. Juntas, podemos abrir nuestro corazón a Dios. Todas estamos en este viaje, no de forma individual, sino caminando junto a otros. Toma un momento hoy para animar a las personas con las que estás caminando por la vida.

¿Cómo puedes ser intencional en cuanto a desarrollar relaciones cercanas con los que te animan en tu fe y con aquellos a los que tú tienes que animar?

Destino espiritual

Dichoso el que tiene en ti su fortaleza,
que solo piensa en recorrer tus sendas.
SALMOS 84:5, NVI

Realmente nunca llegamos a nuestro destino espiritual de la santidad, y así es como se supone que debe ser. La belleza se encuentra dondequiera que el corazón se incline a encontrar la presencia de Dios. Este es nuestro viaje de fe en Cristo. Es un peregrinaje en el sentido más amplio de la palabra.

Tal vez sea un terreno largo y difícil por el cual transitar, pero veremos maravillas durante el camino y algunas verdades y pensamientos profundos mientras progresamos. Este peregrinaje termina en el lugar más bello, un lugar que tu corazón no puede comprender del todo. Disfruta del viaje en el que estás hoy.

¿Cómo puedes apreciar la belleza
de tu caminar con Dios hoy?

Una libertad nada complicada

He disipado tus transgresiones como el rocío,
y tus pecados como la bruma de la mañana.
Vuelve a mí, que te he redimido.
ISAÍAS 44:22, NVI

Complicamos en exceso la libertad en la vida cristiana. Mediante nuestros legalismos, intentamos encontrar una manera de humanizar la obra redentora de la cruz porque simplemente no podemos llegar a entender el carácter sobrenatural de Dios.

Puede ser difícil entender toda la gracia que ofrece el Calvario porque somos incapaces de dar ese tipo de gracia. Pero cuando Dios dice que se ha olvidado de nuestros pecados, y que nos ha hecho de nuevo, realmente lo dice en serio. Dios es amor, y el amor no guarda un registro de los errores. Nada puede apartarnos de su amor. La salvación rasgó el velo que nos separaba de la santidad de Dios. Esa obra completa no se puede menospreciar ni borrar por cualquier cosa que hagamos.

La libertad es verdaderamente así de simple. La belleza del evangelio se puede resumir en este concepto sencillo: gracia, aunque inmerecida, dada sin restricción alguna. ¿Cómo puedes aceptar esto y caminar en una gracia total sin cuestionarla?

Virtudes poderosas

¿No ves que desprecias las riquezas de la bondad de Dios,
de su tolerancia y de su paciencia, al no reconocer que su bondad
quiere llevarte al arrepentimiento?

ROMANOS 2:4, NVI

Tendemos a pensar en la bondad, la tolerancia y la paciencia como algunas de las emociones más débiles. Sin embargo, piensa en la tolerancia de una madre cuando da a luz a su bebé, sacrificando su cuerpo y sus emociones por el amor a un hijo. Piensa en la paciencia de una hermana que se sienta junto a su hermano en los días más oscuros de su depresión. Piensa en una hija que cuida diligentemente de uno de sus padres moribundo.

Ninguna de estas acciones es débil o tímida. La bondad, la tolerancia y la paciencia pueden ser fuerte, ferviente y poderosamente amorosas. Este versículo sugiere que la bondad, la tolerancia y la paciencia de Dios son exactamente eso: suficientemente poderosas para llevarnos a cambiar nuestros caminos y no mirar atrás nunca. Este no es un concepto sin importancia; ¡es transformador!

¿De qué formas los atributos de Dios
te persuaden a cambiar?

Junto a aguas de reposo

Junto a aguas de reposo me pastoreará.
SALMOS 23:2, RVR1960

Todas estamos familiarizadas con el Salmo 23. Las palabras a menudo se escriben en tarjetas de felicitación y obras de arte. ¿Te has preguntado por qué Dios usa aguas de reposo en este capítulo que escribió para consolarnos? ¿Alguna vez has estado junto a un arroyo tranquilo? La superficie es tan clara que parece un espejo. Refleja la pacífica belleza de la creación de Dios. El agua nos atrae a ella, y el silencio y la calma nos invitan también a no movernos. Esas aguas de reposo nos dan descanso para nuestra alma.

¿Se te ocurre algo que una persona estresada y apenada pudiera usar más que la tranquilidad y el silencio sosegado? Dios sabe lo que necesitamos para restaurar nuestra alma, para refrescarnos en nuestras dificultades. Pero es difícil oír su voz de consuelo si vamos volando. Cuando estamos tranquilas, podemos oír los dulces susurros de Dios. Podemos acercarnos al único que verdaderamente puede consolar un corazón dolido. A fin de cuentas, Él se dolió por la pérdida de su amado Hijo. Solo alguien que ha recorrido el camino del dolor entiende verdaderamente cómo nos sentimos en nuestra pérdida. Y cuando Dios calma nuestra alma llena de estrés, no nos faltará nada. Él llena los lugares vacíos con su consuelo como solo Él puede hacerlo.

¿Por qué crees que el Salmo 23 es tan popular?

Guardar un secreto

La gente chismosa todo lo cuenta; la gente confiable sabe callar.

PROVERBIOS 11:13, TLA

Todas hemos estado ahí antes. Una amiga se acerca y nos susurra: "¿Te has enterado de lo que ella hizo?". Y algo en nosotras quiere saberlo, quiere escuchar la primicia, difundir la información. Es casi como si estuviéramos diseñadas para ser chicas malas, para compartir lo que sabemos sobre las caídas y las falacias de otras.

Quizá tirar a alguien por tierra te haga sentir bien en el momento porque así no estamos solas en las muchas formas en las que fallamos; pero es una mentira. Fuimos diseñadas para levantarnos unas a otras, para ser dignas de saber el secreto de una amiga porque no compartiremos esa información con nadie. La próxima vez que te veas tentada a compartir lo que no te corresponde decir, respira hondo y haz una pausa. Pregúntate si traicionar la confianza es algo que vale la pena como para perder a una amiga. En su lugar, permítete ser el tipo de amiga que el Señor ha diseñado que seas.

¿Cómo puedes ser una amiga de confianza?

Bendice a alguien

Que te conceda lo que tu corazón desea;
que haga que se cumplan todos tus planes.

SALMOS 20:4, NVI

Qué versículo tan hermoso para leer esta mañana. Que Dios te conceda el deseo de tu corazón y haga que tus planes se cumplan. Este es un gran versículo para ti, pero ¿podría serlo también para alguien a quien tú conoces? Piensa en alguien que necesite algo de ánimo hoy y decide orar esta bendición pensando en esa persona.

Podría ser tu mamá o tu papá, alguien que sabes que ha estado mal, quizá es la amiga que tiene un recién nacido, o alguien que acaba de empezar un trabajo por primera vez. Independientemente de cuál sea la situación de esa persona, ¡ora para que Dios haga que sus planes tengan éxito!

¿Vino alguien a tu mente mientras leías este devocionario?
¿Cómo puedes orar por él o ella hoy?

Su fuerza

Recurran al SEÑOR y a su fuerza; busquen siempre su rostro.
SALMOS 105:4, NVI

Nuestro instinto natural es clamar a Dios aterradas y buscarlo desesperadamente cuando nos vemos ante alguna crisis; sin embargo, no debemos tener miedo o sentirnos angustiadas ante lo desconocido. Podemos sencillamente pedirle ayuda y Él será fiel en acudir a nuestro encuentro. Su fuerza está disponible de inmediato. Podemos experimentar el gozo de su presencia y el consuelo y la estabilidad de su fidelidad.

Dios calma nuestros pensamientos acelerados y ansiosos con la verdad. Él nos ofrece sabiduría y dirección en medio de nuestra toma de decisiones. Él atraviesa con su luz la oscuridad que acecha sobre nosotras. Él nos llena de gratitud y agradecimiento, y renueva nuestra fe. Él sopla valentía en nuestra alma débil y tímida.

¿Buscas la fuerza de Dios tanto en tiempos
de necesidad como en tiempos de paz?

Esperanza

Que el Dios de la esperanza los llene de toda alegría y paz a ustedes que
creen en él, para que rebosen de esperanza por el poder del Espíritu Santo.

ROMANOS 15:13, NVI

En qué se diferencian la esperanza y el deseo? Piensa en la lotería.
¿Se tiene la esperanza de ganar o el deseo de ganar? ¿Y un ascenso, un
embarazo o una propuesta de matrimonio? Tanto la esperanza como
el deseo contienen anhelo, pero en el caso del deseo, solo se queda en
eso. La esperanza va más allá. El fuerte deseo para que suceda algo
bueno está acompañado de una razón para creer que sucederá.

Vemos entonces cuán vital es la esperanza, y por qué es un regalo
tan hermoso. El deseo sin esperanza es algo vacío, pero juntos
producen gozo, expectativa y paz. Cuando ponemos nuestra
esperanza en Cristo, Él se convierte en nuestra razón para creer que
sucederán cosas buenas. Él es nuestra esperanza.

*¿Cómo puedes permitir que esta bendición de Romanos te
inunde hoy? Cree que sucederán cosas buenas, ya que tienes
una maravillosa razón para ello.*

Respuestas justas

Con tremendas cosas nos responderás tú en justicia, oh Dios de nuestra
salvación, esperanza de todos los términos de la tierra,
y de los más remotos confines del mar.

SALMOS 65:5, RVR1960

¿Qué le has estado pidiendo a Dios últimamente? Podría ser
sanidad de una enfermedad, oración por alguna persona cercana
que está herida, o quizá tan solo necesitas un poco de ayuda en
tus relaciones. A menudo decimos que Dios escucha nuestras
oraciones; sin embargo, tal vez sientas que Él nunca ha respondido
a las tuyas.

Dios a veces nos puede parecer muy lejano y despreocupado con
nuestras peticiones y necesidades; sin embargo, estos sentimientos
no son la verdad. La verdad es que Dios siempre está muy cerca de
ti. Él conoce tu corazón, sabe cuál es tu necesidad y responderá.
Confía en Él mientras lees este versículo de nuevo, y que sepas
que Él responderá tus oraciones con maravillas sorprendentes y
muestras inspiradoras de poder. Deja que esto aumente hoy tu fe.

*¿Cómo puedes permitir que Dios sea para ti la esperanza
que va más allá de los confines de la tierra
y hasta los mares más lejanos?*

Un lugar de descanso

Jehová es mi pastor; nada me faltará.
En lugares de delicados pastos me hará descansar.

SALMOS 23:1-2, RVR1960

¿Qué te da descanso? ¿Hay un lugar al que te gusta ir cuando necesitas recobrar fuerzas? Hay algo especial en disfrutar de la belleza de la creación de Dios, y mientras nos sentamos y la contemplamos, casi podemos sentir cómo el estrés se va de nosotras.

Cuando descubrimos la belleza de la creación, quizá un lago tranquilo, una carpa de hojas, un cielo estrellado, sentimos en nuestra alma una dulce sensación de paz. Encontramos descanso mientras adoramos al que es el autor de la belleza. Tanto nuestra alma como nuestro cuerpo se renuevan. A veces no es necesario ponernos el pijama para encontrar descanso. Solo tenemos que mirar a Jesús, y cuando encontramos sus huellas en el mundo que Él creó, tenemos que hacer una prioridad del hecho de pasar tiempo con Él ahí, y hallar descanso para nuestra alma.

¿Por qué la creación de Dios nos aporta descanso?
¿Cuándo fue la última vez que hiciste una prioridad del hecho
de disfrutar de ella? ¿Qué puedes hacer para que eso suceda
más a menudo?

El deseo encubierto

Y como sabemos que él nos oye cuando le hacemos nuestras peticiones,
también sabemos que nos dará lo que le pedimos.
1 JUAN 5:15, NTV

Cuando llegan los cumpleaños o los aniversarios, a menudo nos preguntan qué queremos que nos regalen. Quizá eres alguien que responde a eso fácilmente, o quizá tardas un rato. Finalmente, tienes una respuesta de lo que te gustaría o incluso de lo que necesitarías, pero nunca sabes realmente si te lo regalarán o no, y a menudo tienes que esperar hasta que llega ese día tan significativo para descubrirlo.

Deberíamos estar seguras de que Dios nos escucha cuando le decimos lo que queremos o necesitamos. Quizá no hemos tenido la confianza para expresarlo, pero de todos modos, Él conoce nuestro corazón. ¿Podríamos pensar que Dios conoce el verdadero deseo que hay detrás de nuestras peticiones, y que este verdadero deseo es lo que terminamos recibiendo? Es una idea en la que quizá vale la pena meditar hoy.

¿Qué necesitas o quieres de tu Padre celestial?
Pídeselo, sabiendo que Él te escuchará.

Alaba en medio de tus circunstancias

He aprendido a vivir en todas y cada una de las circunstancias, tanto
a quedar saciado como a pasar hambre, a tener de sobra como a sufrir
escasez. Todo lo puedo en Cristo que me fortalece.

FILIPENSES 4:12-13, NVI

Cuando la vida nos va bien, es fácil alabar a Dios. Mi vida está llena
de bendiciones, pensamos para nosotras mismas. ¡Él es muy bueno
conmigo! Pero ¿qué ocurre cuando la vida se complica? ¿Seguimos
dándole la gloria cuando sufrimos un revés tras otro?

Al margen de nuestras circunstancias, sea cual sea nuestra situación,
tenemos que seguir dándole la alabanza que tanto Él merece. Vivir la
vida con Cristo no significa que nunca experimentaremos el dolor,
la incomodidad, los momentos duros, sino que podemos encontrar
contentamiento en ella de todos modos porque Él está en nuestra
vida para que acudamos a Él. Ora hoy por contentamiento, sean
cuales sean tus circunstancias. No hay crisis de la que el Señor no esté
dispuesto a sacarte. ¡Puedes hacer cualquier cosa con Él a tu lado!

¿Cómo puedes alabar a Dios hoy,
aunque tus circunstancias no sean las ideales?

Tu mejor trabajo

Y todo lo que hagáis, hacedlo de corazón, como para el Señor
y no para los hombres; sabiendo que del Señor recibiréis la recompensa
de la herencia, porque a Cristo el Señor servís.

COLOSENSES 3:23-24, RVR1960

Cuando nuestro trabajo es difícil, rutinario o desagradable, podemos recordar que todo lo que hacemos es para el Señor. Por nuestro aprecio y amor hacia Él, abrazamos las tareas de cada día con gozo, ¡porque servimos al Rey! Aunque nuestros esfuerzos sean para un jefe difícil o unos hijos con falta de aprecio, nuestro llamado viene de Dios y nuestras recompensas también. Debemos hacer nuestro mejor esfuerzo cada día, aunque nos parezca que aquí en la tierra está devaluado, porque siempre lo hemos hecho para Dios y no para el hombre.

Cuando otros intenten destruir tus esfuerzos, minar tu trabajo o robar tu éxito, continúa sirviendo con todo tu corazón, porque esa es la manera en la que Dios te ha llamado a actuar. El resultado final está en sus manos. Puedes confiar en que Él bendecirá tu trabajo. Él es tu recompensa.

¿Cómo te ha llamado el Señor a servirlo hoy?

Corona de gozo

Volverán los rescatados del SEÑOR, y entrarán en Sión con cánticos
de júbilo; su corona será el gozo eterno. Se llenarán de regocijo y alegría,
y se apartarán de ellos el dolor y los gemidos.

ISAÍAS 51:11, NVI

Cuando el Señor rescató a los israelitas de Babilonia y los llevó de
nuevo a su propia tierra, Jerusalén, ¡hubo un gran gozo y muchos
cánticos! Su dolor fue reemplazado por el gozo, porque habían
servido en cautividad durante mucho tiempo. No era la primera vez
que Dios los rescataba de la esclavitud; Egipto aún estaba fresco en
su memoria. Tampoco sería la última vez que el Señor rescataría a su
pueblo para llevarlo a su tierra prometida.

Cuando el Señor regrese de nuevo por su pueblo, finalmente
entraremos en su tierra prometida eterna. Nuestro dolor y llanto
serán reemplazado para siempre por el gozo y el cántico eterno. Dios
nunca se olvida de su pueblo. Él siempre ha abierto un camino para
que sus hijos regresen a Él cuando se han desviado.

*¿Por qué crees que el salmista habla
del gozo como una corona?*

Fuerte

Sé fuerte y valiente y haz el trabajo. No tengas miedo ni te desanimes,
porque el SEÑOR Dios, mi Dios, está contigo.
Él no te fallará ni te abandonará.

1 CRÓNICAS 28:20, NTV

Cuando el trabajo que tenemos delante es abrumador, tal vez lo hacemos deprisa o tal vez vamos más despacio durante el proceso. Jesús tiene una respuesta para eso. Él dice que no te fallará ni te abandonará. Fallarte sería darte una respuesta o una técnica que no funcione para lo que se supone que debes hacer. Abandonarte sería alejarse de ti en tu tiempo de necesidad.

Si verdaderamente crees que Dios te ha hecho alguna de estas dos cosas, realmente tienes que sentarte tranquila con la Biblia y un corazón abierto para con Dios. Él promete que, si lo buscas de todo corazón, lo encontrarás. Haciendo esto, erradicarás el pensamiento erróneo y volverás a recuperar la fuerza y el valor que necesitas para ponerte de pie y hacer lo que antes te parecía abrumador. ¡Jesús está contigo!

*¿Cómo puedes aplicar los principios de hoy
en algún área en la que dudas?*

Ríndete y descansa

Vengan a mí todos ustedes que están cansados y agobiados, y yo les daré descanso. Carguen con mi yugo y aprendan de mí, pues yo soy apacible y humilde de corazón, y encontrarán descanso para su alma. Porque mi yugo es suave y mi carga es liviana.

MATEO 11:28-30, NVI

Cuando enfrentamos un problema, nuestro primer instinto es agarrarlo y no soltarlo. Creemos que, si nos aferramos fuertemente a él, tenemos cierta cantidad de control. A menudo ese sentimiento es falso. Crea ansiedad y permite que el temor se desarrolle. Mientras más nos esforzamos por aferrarnos, más difícil se vuelve la situación, y más agotadora es la lucha.

La actitud que Dios quiere que tengamos con nuestros problemas es la valentía. Él nos pide que escojamos rendirnos antes de tener control. Una parte enorme de esa decisión valiente es tener fe en Él. Cuando rendimos nuestros temores y soltamos la preocupación, estamos confiando en Dios. Podemos relajar nuestro agarre, alzar nuestros ojos y nuestras manos al cielo, y respirar. Ningún problema es demasiado grande o demasiado difícil para que Dios lo maneje. Cuando confiamos en Él, finalmente podemos descansar.

¿Confías en Dios en cada aspecto de tu vida para rendirle incluso esas partes difíciles?

Generosidad

Prestarle al pobre es como prestarle a Dios.
¡Y Dios siempre paga sus deudas!
PROVERBIOS 19:17, TLA

Cuando damos a quienes no pueden devolvernos lo que les hemos dado, es como si estuviéramos dando directamente al Señor. La manera en que demostramos nuestro amor por el Señor es amándonos unos a otros. Cuando somos generosas con otros, Dios será generoso con nosotras. Cuando perdonamos a otros, Dios nos perdonará a nosotras. Cuando damos a otros sin esperar una compensación, el Señor ciertamente lo recordará y nos compensará por nuestra fidelidad.

El Señor es tremendamente generoso; no podemos superarlo. Él ve cada buena acción y no olvidará la generosidad y la gracia que mostramos a otras personas. Es como si le estuviéramos amando a Él directamente. Nuestro amor por Dios puede incitarnos a amar a otros. En vez de buscar qué podemos ganar nosotras, deberíamos pensar en lo que podemos dar. Dios nos revelará las necesidades de otros que quiere que nosotras suplamos. Y podemos servir sin esperar nada a cambio porque Dios ve y Él nos recompensará.

¿A quién puedes dar, sabiendo que no podrá devolverte el favor?

El carril bueno

Hubiera yo desmayado, si no creyese que veré la bondad de Jehová
en la tierra de los vivientes.

Salmos 27:13, RVR1960

¿Alguna vez te has visto meditando en los aspectos negativos de
la vida? Podemos ser indiferentes cuando alguien nos cuenta buenas
noticias, pero hablar durante horas sobre conflicto, preocupaciones
y decepción.

Es bueno comunicar las cosas que no van muy bien en nuestras
vidas, pero también podemos caer en la trampa de poner nuestra
mente en las cosas equivocadas. Piensa hoy en todo lo verdadero,
en lo puro, honroso y bueno. ¡Seguro que encontrarás bondad en
lugares inesperados! Dale gracias a Dios por crearte con bondad
en tu corazón.

*¿Cómo puedes evitar la tentación de caer en conversaciones
negativas o murmuraciones dañinas hoy?*

Tiempo de comer

Pero muy pronto olvidaron sus acciones
y no esperaron a conocer sus planes.
SALMOS 106:13, NVI

Cuando te preguntan qué desayunaste esta mañana, ¿lo recuerdas? Con mentes que a menudo están tan llenas de muchas cosas, el olvido puede amenazar con arruinar tus citas, tus amistades e incluso, tu relación con Jesús. No es que Jesús se vaya a apartar de ti, pero si rápidamente se te olvidan las cosas buenas que Él ha hecho, es menos probable que pases tiempo hablando con Él.

A menudo es en nuestros momentos de mayor gozo cuando se nos olvida la fuente de ese gozo. Concédete un espacio hoy para recordar a Jesús y lo que Él ha hecho en tu vida. Dale gracias por todas las veces que Él te ha provisto de sabiduría, paz y afirmación. Sé agradecida por la provisión de tener un techo sobre tu cabeza y personas a tu alrededor que se interesan por ti.

¿Cómo puedes recordar la bondad de Dios hoy y cada día?

Segunda opinión

Gracias a ti, estaré lleno de alegría; cantaré alabanzas a tu nombre,
oh Altísimo. Mis enemigos retrocedieron, tambalearon y
murieron cuando apareciste.

SALMOS 9:2-3, NTV

Cuando vas al médico por un problema que necesita alguna
explicación, tal vez no siempre confíes plenamente en su
diagnóstico. Las personas, por lo general, te animarán a que busques
una segunda opinión. Hay veces en las que algunas personas fiables
en tu vida te han dicho algo sobre ti misma que te hizo sentir
terrible. Tal vez te hayan etiquetado de egoísta o de loca, o cualquier
otra acusación.

Es entonces cuando debes buscar una segunda opinión, así que ve
directamente a tu Padre celestial y pregúntale qué piensa Él. Este es
tu Dios, quien te creó y te ama incondicionalmente, y que solo ve la
mejor persona, redimida, que eres tú.

*¿Confías en que Dios puede avergonzar a tus acusadores
cuando aparece para defenderte?*

Gemas

Con un buen perfume se alegra el corazón;
con la dulzura de la amistad se vuelve a la vida.
PROVERBIOS 27:9, TLA

Cuando te inscribes para un deporte de equipo competitivo, tienes un entendimiento básico de que tendrás que trabajar duro y que las emociones brotarán para ganar y tener éxito. Sabes que ganarás algunos partidos, que perderás otros, y que en algún momento del camino empezarás a sentirte bien jugando a ese deporte ganes o pierdas.

Practicar un deporte de equipo de competición a veces es similar a formar relaciones con otras mujeres. Ganamos algunas, formando relaciones increíbles, y perdemos otras. Fuimos creadas de manera única, y aunque se nos pide que nos amemos unos a otros, no significa que esperamos tener la mejor relación de amistad del mundo con cada mujer que conocemos.

¿Tienes una amiga a quien le rindes cuentas pero que también te anima cuando lo necesitas? Comparte cuánto significa para ti hoy esa amiga. Si aún estás buscando una amiga íntima, no te desanimes. Ora para que Dios traiga a la persona correcta a tu vida.

Representante de Jesús

Y todo lo que hagan, de palabra o de obra, háganlo en el nombre del Señor
Jesús, dando gracias a Dios el Padre por medio de él.

COLOSENSES 3:17, NVI

Cuando trabajas para una empresa u organización, se espera que representes esa marca o identidad en particular. Las organizaciones que tienen una buena reputación, por lo general, tienen una cultura con la que su gente está comprometida a ser parte. Cuando piensas en esa empresa o marca, puedes identificar cierto valor.

Cuando te conviertes en seguidora de Jesús, también te conviertes en su representante. Tu relación personal con Cristo te inspirará a expresar algo de su amor, bondad y gracia al mundo que te rodea. No siempre necesitas gritar que estás haciendo cosas en su nombre, solo tienes que ser consciente que tus palabras y acciones están influenciadas por su gracia. Anímate hoy al saber que lo representarás dondequiera que vayas.

¿Qué parte de Cristo sabes que estás representando bien, y qué crees que podrías dejar brillar un poco más esta semana?

Confianza en la incompetencia

No es que pensemos que estamos capacitados para hacer algo por nuestra propia cuenta. Nuestra aptitud proviene de Dios.

2 Corintios 3:5, NTV

Ya sea trayendo a casa a tu bebé recién nacido del hospital, dando tu primera gran presentación en el trabajo, o simplemente organizando tu primera cena del Día de Acción de Gracias, probablemente haya habido al menos un momento en tu vida en el que hayas pensado que no tenías ni idea de lo que estabas haciendo, que no te sentías preparada. ¿Y qué hiciste? Es probable que pusieras una sonrisa en tu rostro, te lanzaras e intentaras hacer lo mejor posible.

Mientras más años cumplimos, más nos damos cuenta de lo verdaderamente incapaces que somos. También, maravillosamente, nos damos cuenta de que saberlo está bien. Hay una gran libertad al admitir nuestros defectos y permitir que el Padre sea nuestra fortaleza. Al margen de lo que Él nos pida, estamos seguras en nuestra incompetencia. Puede que no seamos capaces, pero Dios está más que calificado para llevar a cabo sus planes a través de nosotras. Lo único que tenemos que hacer es tragarnos nuestro orgullo y dejar que Él nos guíe.

¿Qué sueño o llamado serías capaz de cumplir si abrazaras la competencia de Dios como si fuera tuya?

Sentimiento de seguridad

Cuando te acuestes, no tendrás temor,
sino que te acostarás, y tu sueño será grato.
PROVERBIOS 3:24, RVR1960

Dulces sueños, esa meta después de un día lleno de una agenda frenética y llena de expectativas, se disipa con la rápido latir de un corazón temeroso. Todas hemos estado ahí, con los ojos abiertos mirando fijamente a una habitación oscura, con los oídos tensos por algunos ruidos, y conteniendo la respiración. La inseguridad nos pincha como la sensación de una manta que nos aprieta demasiado hasta que poco a poco nos volvemos a sentir relajadas.

Proverbios habla de la seguridad que procede de la sabiduría de Dios. Al incorporar la Palabra de Dios en nuestra vida, Dios nos da un tipo distinto de seguridad. Su seguridad nos afirma al terminar nuestro día. Él ha caminado con nosotras durante las horas pasadas y nos acompañará en la noche que nos espera. Planifica con antelación pasar tus últimas horas del día pensando intencionalmente en las bendiciones de tu día. Anticipa el dar gracias cuando tu cabeza contacta con la almohada. Recuerda la fidelidad de Dios a lo largo del día. Prepárate para unos dulces sueños con confianza en Dios. Deja que la verdad relaje tu corazón acelerado y tus músculos tensos. Cuando la confianza se ancla a un Dios seguro, las inseguridades y los temores se desvanecen.

¿Qué te hace sentir insegura?

Clemente y compasivo

El Señor, el Señor, Dios clemente y compasivo,
lento para la ira y grande en amor y fidelidad.
ÉXODO 34:6, NVI

Cada día que caminamos con el Señor, esperamos madurar
en Él. Mientras más aprendemos de su carácter, su bondad y su
compasión, de su misericordia y de su amor, más anhelamos ser
como Él. No hay diferencia si eres una cristiana relativamente nueva
o si has estado sirviéndolo durante toda una vida. Mientras más
conoces a Dios y su bondad, más convencida estás de mejorar como
persona, de ablandar tu corazón, de ser como Él.

¿Qué más podríamos querer en lo más profundo de nuestro ser que
ser clementes y compasivas? ¿Lentas para la ira? ¿Grandes en amor
y fidelidad? Mirar nuestro propio carácter no siempre es agradable.
Tendemos a ser egoístas y orgullosas. Quizá nos avergonzamos
de cosas que hemos dicho o hecho. Dios es fiel para perdonarnos
por lo que hicimos ayer, y mucho más atrás. Podemos adoptar una
posición valiente y declarar cada mañana: "Hoy es un nuevo día.
Hoy seré clemente y compasiva con las personas que me encuentre.
Seré lenta para la ira, y grande en amor. Seré más como Jesús".

¿Cómo has mostrado compasión esta semana?
¿Puedes identificar un tiempo en el que tuvieras
éxito siendo lenta para la ira?

Digno

Digno eres, Señor y Dios nuestro, de recibir la gloria, la honra y el poder, porque tú creaste todas las cosas; por tu voluntad existen y fueron creadas.

APOCALIPSIS 4:11, NVI

En la visión que Dios le dio a Juan, vio veinticuatro ancianos delante del trono de Dios. Estaban declarando las verdades escritas en este versículo. Existimos solo por Dios y solo para Dios, y tenemos un propósito. No somos un accidente o una idea de última hora.

El Dios creador diseñó este mundo con todas sus maravillas porque fue su voluntad. Es su voluntad que vivamos y, por lo tanto, Él es digno de la alabanza de nuestra vida. Toda gloria, honor y poder son suyos, porque no somos nada sin Él. Dale el honor que le corresponde. Demuéstrale la gratitud que sientes. Dios te creó y te dio sentido. Descubre sus propósitos y declara sus alabanzas, ¡porque esa es la razón para la cual te creó!

¿Cuál crees que es tu propósito principal en la vida?

Julio

Jehová será refugio del pobre,
refugio para el tiempo de angustia.

Salmos 9:9, RVR1960

Su historia

De las misericordias de Jehová haré memoria, de las alabanzas de Jehová,
conforme a todo lo que Jehová nos ha dado, y de la grandeza de sus
beneficios hacia la casa de Israel, que les ha hecho según sus misericordias,
y según la multitud de sus piedades.

ISAÍAS 63:7, RVR1960

Tú tienes una historia que contar. Cuando pienses en los años pasados, medita en las cosas que revelaron la bondad, la generosidad y el amor de Dios. Quizá fue una enfermedad o una sanidad, una relación o una ruptura de una relación, tal vez haya sido una alegría o una decepción en tu carrera profesional. Dios está justo a nuestro lado en todas las cosas que la vida nos depara.

Tal vez no lo reconociste en el momento, pero espero que puedas atestiguar de su bondad al recordar cómo superaste esos tiempos. Esta es tu historia, y al igual que los israelitas, vale la pena contarla y repetirla. Tu historia es importante, así que ¡sé valiente y cuéntala!

*¿Dónde puedes ver la bondad, misericordia o generosidad
de Dios en tus actuales circunstancias?*

Gracia sobre gracia

Porque de su plenitud tomamos todos,
y gracia sobre gracia.

Juan 1:16, RVR1960

¿Conoces esos días, los días perfectos? Tu cabello se ve estupendo, algún trabajo te sale muy bien (ya sea una presentación con un cliente, una hoja de cálculo, o conseguir que los gemelos duerman una siesta a la vez), dices lo correcto y alegras el día a alguien, y después regresas a casa y te encuentras la cena esperándote. Es bueno sobre bueno, bendición sobre bendición.

Ser una hija del Altísimo nos da acceso a ese bendito sentimiento cada día, incluso cuando nuestras circunstancias son ordinarias o incluso difíciles. Su amor es tan pleno, y su gracia tan ilimitada, que cuando su Espíritu vive en nosotras incluso un pinchazo en la llanta del automóvil nos parece una bendición. Nuestro estatus como hijas amadas del Rey lo garantiza, solo tenemos que reclamarlo.

¿Ves la gracia de Dios derramada sobre ti hoy?
Dale gracias por ello.

Reconstruye

Pues el SEÑOR reconstruirá Jerusalén;
él aparecerá en su gloria.
SALMOS 102:16, NTV

Tendrás muchos pensamientos sobre el día que tienes por delante: listas de la compra, citas médicas, entrenamientos, ¡o dónde pusiste esas llaves! Estamos tan llenas de pensamientos de todos los detalles del día que tenemos por delante, que se nos olvida pensar en la grandeza de Dios.

Cuando permitimos que nuestros pensamientos de Dios tomen el control, vemos que nuestras pequeñas preocupaciones del día se desvanecen. Pídele a Dios que intervenga en tu estrés y te ayude a concentrarte en lo que más importa hoy. Dale gracias porque, en los tiempos de más necesidad, Él es el agua de vida de donde puedes extraer fortaleza.

¿Cómo puedes beber del agua viva de Dios hoy?

Etapas cambiantes

Hizo la luna para los tiempos;
el sol conoce su ocaso.
SALMOS 104:19, RVR1960

Con toda seguridad, pasarás por varias etapas en tu vida: etapas de anhelo y de contentamiento, etapas de desánimo y de gozo, etapas de más o de menos. Ser adulta significa entrar a nuevas formas de vivir, y esto por no general no sucede hasta que llega esa etapa.

No pongas excusas en cuanto a por qué no puedes hacer lo que Dios te está llamando a hacer. ¡Sé valiente! Dios no te llevará a algo sin darte la gracia que necesitas para lograrlo. El Señor ha puesto un llamado en tu vida, y te dará el valor para saber que Él está contigo cuando te llama a dar un paso adelante.

¿En qué etapa te encuentras ahora mismo?
¿Sientes que Dios te está llamando a algo nuevo?

Cosas desconocidas

Así ha dicho Jehová, que hizo la tierra, Jehová que la formó para afirmarla; Jehová es su nombre: Clama a mí, y yo te responderé, y te enseñaré cosas grandes y ocultas que tú no conoces.

JEREMÍAS 33:2-3, RVR1960

"¡Dios, si existes, dame una señal!". Las personas han gritado esta frase al cielo muchas veces a lo largo de los años. Queremos ver algo que nos diga que Dios es real; y no solo real, sino también que está presente. Queremos esa experiencia de traer el cielo a la tierra y que disipe nuestra duda con un simple relámpago. Dios es más que capaz de darnos señales milagrosas como hemos visto en innumerables ocasiones a lo largo de la Biblia y de la historia. Pero, sin embargo, Él es mucho más que una experiencia.

Creemos erróneamente que la experiencia es la cima de su poder. Otros dioses pueden hacer milagros y ofrecer experiencias, pero el único Dios verdadero continúa mostrando su poder en el valle. Él está incluso en el valle de sombra de muerte donde los milagros parecen no existir. Esos otros dioses no tienen nada que ofrecernos en medio de la desesperanza. Dios nos mostrará cosas grandes y poderosas. Él no está limitado por el tiempo, el espacio o el entendimiento humano. Pon tu esperanza y tu fe en el Dios que es.

¿Qué señales estás buscando de Dios ahora mismo?

Las palabras son importantes

Eviten toda conversación obscena.
Por el contrario, que sus palabras contribuyan a la necesaria edificación
y sean de bendición para quienes escuchan.
 EFESIOS 4:29, NVI

Quien nos dijo que las palabras no pueden herirnos, claramente estaba equivocado. Quizá sus intenciones hayan sido buenas, pero la realidad es que las palabras hieren. Las palabras son importantes. Las burlas, broncas y críticas hieren a los oyentes, y Dios nos ha llamado a edificarnos unas a otras. Los viejos hábitos mueren con dificultad, pero puedes romper esos hábitos. Tu manera de hablar a otros te definirá. ¿Te consideran tus amigas una persona fiable o incapaz de guardar un secreto? ¿Usas tus palabras como un arma o tus conversaciones son estimulantes y útiles?

La Escritura nos recuerda que mantener conversaciones sanas y edificantes puede ser gratificante y alentador tanto para el que habla como para el que escucha. Escoge tus palabras y tus conversaciones con cuidado. Dedica un momento a ordenar tus pensamientos antes de hablar, y especialmente antes de responder a otro. No respondas a una frase malintencionada con otra igual. Ser amable en pensamientos, palabras y acciones es una cualidad que deberíamos buscar.

*¿Puedes pensar en uno o dos cambios que te gustaría hacer
en tu forma de hablar a los demás?*

Escuchar a Dios

Tras el terremoto vino un fuego, pero
el SEÑOR tampoco estaba en el fuego.
Y después del fuego vino un suave murmullo.
1 REYES 19:12, NVI

Un estudio sorprendente sobre estilos de crianza de los hijos reveló que una de las mejores formas de captar la atención de un niño es susurrar. Cuando quieras enseñar una lección importante, impartirla en susurros ayuda al niño a enfocarse, a recordar y a actuar basado en la información. Gritar o imponer no funciona tan bien. Poner al niño en tu regazo o sentarlo cerca de ti y hablarle bajito hace que la memoria y la comprensión mejoren. Esto es cierto también con respecto a tu Padre celestial. Él quiere compartir muchas cosas contigo. Él quiere acunarte en sus brazos y darte fuerza.

Dios anhela hablar de su inimaginable amor por ti. Él quiere aligerar tus cargas y ayudarte a crecer. ¿Estás dispuesta a escuchar su suave murmullo? Déjale susurrarte al oído. Nuestras vidas son ruidosas, y tenemos que ir más despacio, acallarnos y escuchar a Dios. Respira hondo, arrúllate en sus brazos, y permite que Dios alimente tu alma.

¿Has escuchado calladamente a Dios? ¿Lo has oído?
¿Qué crees que Él te quiere decir?

Confianza firme

Por lo tanto, no desechen la firme confianza que tienen en el Señor.
¡Tengan presente la gran recompensa que les traerá!

HEBREOS 10:35, NTV

Tras todo un libro dedicado a validar y fortalecer la confianza de un cristiano en Cristo, se nos da este aviso: no la pierdas. Mantén tu confianza en Dios. Al final, recibirás recompensa.

La mejor manera de mantenernos seguras es recordando las verdades del evangelio. Debemos sumergirnos regularmente en la Palabra para que las mentiras sutiles y la verdad torcida con los que el mundo nos bombardea constantemente no comiencen a corromper nuestra confianza. Aférrate al Padre y pídele sabiduría para discernir la verdad de las mentiras. Mantente firme solamente en la fe en Él. Él es el único camino.

¿Te rodeas de la verdad?
¿Qué tipo de mensajes te están diciendo diariamente?

Poder

> "Pero, cuando venga el Espíritu Santo
> sobre ustedes, recibirán poder".
>
> HECHOS 1:8, NVI

Tras la ascensión de Jesús, dio el regalo prometido del Espíritu Santo a los discípulos. Se les dijo que esperaran este regalo antes de seguir avanzando. Jesús sabía que no sería fructífero intentar llevar nada a cabo a menos que sus seguidores fueran llenos de su Espíritu. Mientras esperaban, el Espíritu Santo descendió y los llenó con poder. Este fue un poder que les faltaba hasta ese momento. No era algo que podían obtener por ellos mismos. Jesús quería que supieran que llegaría un nuevo poder.

Ese mismo poder está aquí para todas las que lo pidamos. Dios no nos ha dado un espíritu de temor sino de poder. Tú no necesitas tu propio poder, porque Dios te dará el suyo a través del Espíritu Santo.

¿Le has pedido al Señor su poder a través del Espíritu Santo
o te apoyas en tu propia fuerza?

Congregarnos

Y considerémonos unos a otros para estimularnos al amor y a las buenas obras; no dejando de congregarnos, como algunos tienen por costumbre.

HEBREOS 10:24, RVR1960

A lo largo de toda la Escritura vemos revelada la intención de Dios de que vivamos como una comunidad de creyentes. Él nos creó para necesitarnos unos a otros y que así aprendamos a poner por delante a los demás y nos rindamos. Aquí, se nos recuerda que animemos a otros al amor y a las buenas obras.

Tenemos la responsabilidad bíblica de tener comunión con otros para que podamos seguir aprendiendo y creciendo mediante las relaciones, y para que podamos ayudar a llevar sus cargas y animarlos. Las relaciones probablemente son el elemento más difícil de nuestro caminar. En vez de renunciar a ellas cuando se tuercen o requieren mantenimiento, lucha por el amor y la unidad con la fuerza de Dios.

Cuando es difícil estar cerca de alguien, ¿cómo respondes a la situación? ¿Te humillas e intentas arreglar la relación?

El regalo del descanso

Pensemos en maneras de motivarnos unos
a otros a realizar actos de amor y buenas acciones.
HEBREOS 10:24, NTV

La diversión apareció en los rostros en todo el restaurante cuando el grupo se acercó al lugar del anfitrión. Este no era el típico grupo de amigos con el que sales a pasar una noche divertida y relajada. No, no se ven todos los días a cinco papás saliendo por la noche con sus quince hijos en total. ¡Quince! Bebés en brazos. Niños pequeños agarrados de la mano de sus padres. Y un surtido de niños y niñas entre unos tres y doce años. El Día de los Padres en la guardería había llegado plagado de sonrisas. Pero consiguieron terminar la noche en pleno control y llegaron a casa con todos sus hijos. Esos papás estaban ahí con todos los niños porque les habían dado a sus esposas un fin de semana de descanso.

El descanso es un regalo que podemos dar a otros que lo necesitan desesperadamente. Pídele a Dios que te muestre a un papá o una mamá solteros, una persona mayor, una cuidadora o una mamá cansada que necesite algo de descanso, y después conviértete en las manos y los pies de Dios para proveer esos momentos para ellos. Dale a alguien el regalo del descanso y descubre la bendición durante el proceso.

Piensa en dos personas que necesiten descanso.
¿Qué pasos concretos podrías dar para ayudarles?

Poder

Sean fuertes en el Señor
y en su gran poder.
EFESIOS 6:10, NTV

Pablo no menospreció la importancia de las batallas espirituales en las que participamos. Escribió a menudo sobre que estamos en una guerra contra el mal, y nos advirtió para que estuviéramos alerta a ello. Justo antes de describir una detallada metáfora de vestirnos con una armadura espiritual con cada uno de sus elementos específicos, dio el consejo más necesario sobre el plan de batalla: "Sean fuertes en el Señor".

Dios está listo y dispuesto a darnos todo lo que necesitamos para cualquier situación. A menudo, sin embargo, Él espera que nosotras se lo pidamos para que recordemos que Él es nuestra fuente de fortaleza y que siempre deberíamos acudir a Él.

¿Qué otros planes de batalla el libro de Efesios ofrece?

Respuesta natural

Soportándoos unos a otros, y perdonándoos unos a otros
si alguno tuviere queja contra otro. De la manera que Cristo
os perdonó, así también hacedlo vosotros.

COLOSENSES 3:13, RVR1960

Como miembros de una familia, deberíamos ser rápidas
en perdonar y ayudar al otro a tener éxito. Si entendemos
verdaderamente lo que Cristo hizo por nosotras y de lo que nos
salvó, entonces el perdón debería ser nuestra respuesta natural. Todo
lo que tenemos es por la gracia de Dios derramada sobre nosotras,
y debemos mostrar a los demás la misma gracia.

Este versículo no nos está enseñando a ser apáticas con el pecado,
ni a guardar silencio ante la injusticia, sino a perdonar las ofensas
que nos hacen y ayudar a otros a llevar las cargas de sus debilidades.
De esta forma, se puede producir crecimiento, y la gracia que se
nos ha mostrado queda evidenciada por la manera en que nosotras
mostramos esa gracia a otros.

¿Hay alguien a quien tengas que perdonar hoy?

Victoria en Cristo

*Muy pronto el Dios de paz aplastará a Satanás bajo los pies de ustedes.
Que la gracia de nuestro Señor Jesús sea con ustedes.*

ROMANOS 16:20, NVI

A medida que seguimos avanzando en los caminos de la verdad y la piedad, el enemigo también persiste en su intento por desviarnos. Pablo advirtió al pueblo sobre los falsos maestros y la doctrina, que es una de las astutas maneras que tiene el enemigo de minar la obra de Cristo y a los cristianos. Dios nos da la promesa, sin embargo, de que estos ataques finalmente fracasarán, ¡y que nuestro enemigo será derribado! Todo lo que es mentira desaparecerá, y solo lo que es verdadero permanecerá.

Mediante todas las pruebas de la vida y el engaño de otros, se nos da la promesa de que la gracia de Jesús estará con nosotras. Toda la calamidad y las mentiras del mundo no pueden impedir que sigamos a Cristo cuando se nos han dado los dones de la gracia, la paz y la verdad.

*¿Cómo se asocian las palabras de Pablo con la promesa
profética de Dios en Génesis 3:15?*

El trabajo en el Señor

Por lo tanto, mis queridos hermanos, manténganse firmes
e inconmovibles, progresando siempre en la obra del Señor, conscientes
de que su trabajo en el Señor no es en vano.

1 Corintios 15:58, NVI

Como conclusión de su carta, Pablo ofrece a sus queridos hermanos y hermanas de Corinto una exhortación final. Primero, deberían estar firmes, prestos, ser fieles y seguir adelante. Continuar en la enseñanza del Señor y no cansarse ni desviarse. Segundo, Pablo dice que sean inconmovibles. No comprometan los valores ni se conformen a la cultura por presión. Permanezcan en la Palabra de Dios y no se dejen llevar por un cristianismo superficial.

Finalmente, los cristianos deben entregarse por completo a su llamado. Abrazar la obra a la que el Señor nos llama y entender que tiene una importancia eterna. El fruto de nuestro trabajo no se desvanecerá, porque servimos a un Señor eterno que recuerda cada acto de fe.

¿Qué trabajo te ha pedido Dios que hagas?
¿Cómo puedes entregarte por completo a ello?

Belleza escondida

Sino el interno, el del corazón, en el incorruptible ornato de un espíritu afable y apacible, que es de grande estima delante de Dios.
1 PEDRO 3:4, RVR1960

La belleza tiene una capacidad poderosa de influenciar en las vidas de las mujeres. Constantemente nos bombardean con imágenes y mensajes de lo que es la belleza y de lo que debería ser. Incluso aunque estemos seguras de quiénes somos, puede resultarnos difícil no ceder a los sutiles pensamientos de no ser suficientemente buenas. La incómoda verdad sobre la belleza externa es que, a pesar de cuánto tiempo, atención e inversión pongas en ello, la belleza realmente nunca puede perdurar. Nuestra apariencia inevitablemente cambia con el tiempo, y nuestra belleza física se desvanece.

En un mundo donde se nos dice constantemente que nos pongamos guapas para que nos vean, el concepto de adornar la persona interior del corazón suena casi a fantasía. Pero todo se reduce a la verdad de que la opinión más importante que deberíamos buscar es la opinión de nuestro Creador. Puede parecer un tópico o un cliché, pero cuando nos alejamos de la distracción del circo mediático y de todas las mentiras que nos ha dicho, la verdad se aclara.

¿Sabías que fuiste creada para deleitar el corazón de Dios?

Una voz

Pero el Dios de la paciencia y de la consolación os dé entre vosotros un mismo sentir según Cristo Jesús, para que unánimes, a una voz, glorifiquéis al Dios y Padre de nuestro Señor Jesucristo.
ROMANOS 15:5-6, RVR1960

Por la gracia de Dios, proseguimos. Esta vida está llena de dificultades, y nuestra propia perseverancia en algún momento se terminará. La gracia de Dios no tiene fin. Él siempre nos ofrecerá la perseverancia y el ánimo que necesitamos.

A menudo, el modo de comunicarse que Dios tiene es a través de otros creyentes. Esta es una razón más por la que es tan vital que vivamos de forma armoniosa juntas, persiguiendo la paz y teniendo gracia. Al igual que cuando estamos cantando una canción con otros, cada una tiene su propia parte, pero mezclamos las voces para cantar juntas con una voz unida.

¿Por qué quiere Dios que aprendas a cantar con otros en lugar de hacer un solo?

Pizarra de tiza

Los humildes verán a su Dios en acción y se pondrán contentos;
que todos los que buscan la ayuda de Dios reciban ánimo.

SALMOS 69:32, NTV

Las pizarras de tiza casi se han extinguido en nuestros días, pero si alguna vez has intentado escribir en una mojada, sabrás que la tiza no se ve bien, hasta que la pizarra y la tiza se secan. Es un proceso interesante ver cómo las letras y las palabras que en un momento desaparecieron ahora son claras y fuertes. Los colores se agudizan y realzan.

Así es como nuestra fe se comporta a veces. Algunas veces nos parece que se ha borrado y nos sentimos difusas como esa pizarra de tiza. Pero Dios ha comenzado a escribir y dibujar en ese espacio. Ten paciencia en estos tiempos, porque lo que está a punto de aparecer es hermoso, claro y destacado. Dios está haciendo algo, aunque no puedas verlo bien aún.

¿Cómo ves a Dios obrar en tu vida hoy?

Vejez

Como palmeras florecen los justos.
Aun en su vejez, darán fruto.

SALMOS 92:12, 14, NVI

A los hijos de Dios a menudo se nos compara con árboles en las Escrituras. Los árboles tienen un sistema de raíces, ramas, y a menudo dan fruto. Además, los árboles no se debilitan necesariamente con la edad. De hecho, muchos árboles son más fuertes a medida que envejecen.

Mientras nuestro cuerpo humano envejece, llega un punto en el que ya no se hace más fuerte; sin embargo, eso es solo nuestra carne. Nuestro hombre interior solo puede fortalecerse, aunque nuestro cuerpo no lo haga. A medida que crecemos en fuerza en Dios, seguimos siendo capaces de dar mucho fruto más adelante en la vida. Un fruto bueno, sabroso y maduro no es algo que los bebés cristianos producen. Es algo que dan las almas sabias experimentadas cuyas raíces son gruesas y fuertes como sus ramas.

¿Has aceptado la mentalidad de nuestra cultura que teme la edad? ¿Estás intentando evitar envejecer? ¿Conseguirás algo al intentar evitarlo?

Más alegría

Me has dado más alegría que los que tienen cosechas
abundantes de grano y de vino nuevo.

SALMOS 4:7, NTV

La comparación es algo que enfrentamos diariamente. Cada mañana nos vemos ante personas que tienen más o menos que nosotras. Vemos automóviles en las calles que son más bonitos que el nuestro, personas con un gran sentido para la moda, y esas personas creativas que parecen hacer que todo se vea bonito.

Las redes sociales están llenas de fotografías de vacaciones, celebraciones y grandes logros. Es importante en estos tiempos anclar tu autoestima en la alegría que tienes en Jesús. Ponte en perspectiva cuando sientas que todos los demás están teniendo una vida mejor que la tuya. Alégrate por ellas, pero rebosa de gozo por ti misma, ¡porque eres heredera del Rey!

¿Cómo puedes enfrentar las muchas comparaciones que abundan en las redes sociales? ¿Cómo continúas totalmente arraigada en el amor eterno de Dios?

gozo interminable

¡Mi corazón se alegra en el SEÑOR!
El SEÑOR me ha fortalecido.
Ahora tengo una respuesta para mis enemigos;
me alegro porque tú me rescataste. ¡Nadie es santo como el SEÑOR!
Aparte de ti, no hay nadie; no hay Roca como nuestro Dios.

1 SAMUEL 2:1-2, NTV

Piensa por un momento en el tiempo de más gozo en tu caminar con Cristo. Imagínate el deleite de esa etapa, la ligereza y el placer de tu corazón. Descansa en ese recuerdo durante un minuto, y deja que las emociones vuelvan a ti. ¿Ha regresado el gozo? ¿Lo sientes? Ahora, oye esta verdad: como te sientes con Dios en el momento más álgido, más gozoso, maravilloso y glorioso, es como Él se siente con respecto a ti todo el tiempo.

¡Qué gloriosa bendición! Nuestro gozo es un desbordar del gozo de su corazón hacia nosotras; es tan solo una de las muchas bendiciones que Dios derrama sobre nosotras. La etapa de tu mayor gozo puede ser ahora, cuando piensas en la fuerza que Él provee, el sufrimiento del que te ha rescatado, y la roca que es nuestro Dios. Sus bendiciones no dependen de nuestro sentimiento de gozo; experimentamos gozo porque nos damos cuenta de las buenas y abundantes bendiciones de Dios.

¿Cómo puedes elevar tus alabanzas a Dios hoy?

Más compasión

*Misericordioso y clemente es Jehová;
lento para la ira, y grande en misericordia.*

SALMOS 103:8, RVR1960

Piensa en los israelitas vagando por el desierto: Dios los ha rescatado de la esclavitud y ha ido delante de ellos en una columna de fuego, proveyéndoles para cada necesidad y protegiéndolos. ¿Qué le ofrecieron a cambio? Quejas.

Dios ama a sus hijos al margen de su pecado, su pasado y sus errores. No se nos trata como merecemos; más bien, según su gran amor por nosotras. ¿Podemos decir lo mismo de cómo tratamos a los que nos rodean? ¿Somos compasivas, lentas para la ira y llenas de amor?

¿O nos ofendemos, somos impacientes y nos molestamos?

*¿Cómo puedes ser lenta para la ira y mostrar una compasión
que está fuera de toda capacidad humana?*

Un día en el spa

Así que pongan sus preocupaciones en las manos de Dios,
pues él tiene cuidado de ustedes.

1 PEDRO 5:7, TLA

¿Podrías pasar un día en el spa? Un día de gratificación garantiza una atmósfera relajante y de descanso para los cuerpos y las mentes estresadas. Por desgracia, muchas no dedicamos el tiempo para nosotras mismas como deberíamos, y el dinero a veces es difícil de reunirlo para cosas misceláneas.

¿Sabías que hay un spa incluso mejor? El spa de Dios para el alma. Aparta tiempo para estar ahí. La buena noticia es que es gratis. Dios comienza vistiéndonos de justicia y después desintoxica nuestro corazón para eliminar impurezas. Nos da momentos especiales para estar tranquilas y pasar tiempo con Él, refrescándonos como ninguna otra cosa puede hacerlo. ¿Estás estresada? Escoge el tratamiento de la Palabra de Dios. Empápate de las dulces promesas que encontrarás en ella. Masajea tus preocupaciones con tiempo de oración. Los achaques y dolores de tu alma desaparecerán. Cuando llenes tu corazón con Jesús, tu mente encontrará descanso, y descubrirás que siempre hay una cita disponible para ti.

¿Qué es lo que más necesitas del spa de Dios para el alma?
¿Cómo te vigoriza y refresca pasar tiempo con Él?

Zambullida

Me mostrarás el camino de la vida; me concederás la alegría
de tu presencia y el placer de vivir contigo para siempre.
SALMOS 16:11, NTV

Los temerarios saltadores de plataformas se zambullen desde
precipicios de más de cuarenta metros de altura en las cálidas aguas que
borbotean del Océano Pacífico en Acapulco, México. Es como un baño
de burbujas gigante cuando entran en las espumosas aguas calientes,
pero qué salto tan escalofriante dan antes. ¿Te imaginas el rápido latido
del corazón de esos saltadores justo antes de dar ese intrépido salto?
Dios promete estar con nosotras durante nuestros tiempos de desafío y
estrés, pero también nos acompañará en esas aventuras estimulantes y
divertidas. A fin de cuentas, Dios es el creador de todo. Eso significa que
Él ha hecho esas emocionantes aventuras.

A veces somos culpables por pensar en Dios como si fuera alguien que
resuelve los problemas, que sí lo es, pero quizá aún no lo hemos visto
como el alma de la fiesta. Dios da vida y la promete en abundancia.
Nuestro caminar con Él debería ser una aventura cada día, una donde
el estrés y la ansiedad desaparecen. La mayor aventura de todos los
tiempos es caminar con Jesús. No es más emocionante que el gozo de
su presencia y el placer de la vida eterna con Él.

¿Cómo puede una nueva aventura acabar
con el estrés de un largo día?

Pastor amoroso

Al ver a las multitudes, tuvo compasión de ellas, porque estaban agobiadas y desamparadas, como ovejas sin pastor.
MATEO 9:36, NVI

En lo más hondo de cada una de nosotras hay un deseo no solo de ser vista, sino también de ser cuidada. Cuando nos sentimos quebradas y maltratadas, no hay nada más apetecible que una mano amorosa. Alguien que vea nuestras heridas y cure cada una de ellas. El mundo es frío y a veces insensible. Hay veces en la vida cuando nos sentimos agotadas e invisibles. Estamos desesperadas porque alguien nos ame de la forma en que fuimos creadas para ser amadas.

Podemos estar seguras de que Dios cuida de cada una de nuestras necesidades. Él se ocupa y se deleita en enjugar nuestras lágrimas, declarar vida y verdad de nuevo a nuestra alma, y calmar las tormentas que se levantan en nuestro interior. Él es nuestro lugar de descanso. Él es fiel para suplir cada una de nuestras necesidades con su bondad. Él no nos deja con carencias, sino que nos llena hasta desbordar, así que rebosamos de su paz y amor. Él no creó en nosotras la necesidad de ser amadas para luego no darnos amor. Él nos ama a cada una como nadie más podría hacerlo.

¿Te sientes débil y cansada? Deja que el Señor te lleve a aguas de reposo, y descansa en Él.

Medita en la bondad

Por lo demás, hermanos, todo lo que es verdadero, todo lo honesto, todo lo justo, todo lo puro, todo lo amable, todo lo que es de buen nombre; si hay virtud alguna, si algo digno de alabanza, en esto pensad.

FILIPENSES 4:8, RVR1960

¿Alguna vez te ves atrapada pensando en los aspectos negativos de la vida? Podemos ser indiferentes cuando alguien nos cuenta buenas noticias, pero hablamos durante horas sobre conflictos, preocupaciones y decepciones. Es bueno comunicar cosas que no van tan bien en nuestra vida, pero también podemos caer en la trampa de fijar nuestra mente en las cosas erróneas.

Pablo vio la necesidad de abordar eso dentro de la iglesia de Filipos. Al parecer, había personas en la iglesia que pensaban muy elevadamente de sí mismas y permitían que la discordia habitara en medio de ellos. Piensa en lo que produce ahondar en lo negativo: crea sentimientos de desesperanza, desánimo y falta de confianza en nuestro Dios que es bueno, verdadero y justo.

¿Tienes que pedir perdón por un corazón que ha sido demasiado negativo? ¿Ves algo en tu vida y en las vidas de otros que tenga virtud o sea digno de alabanza?

La zarza ardiente

Pasados cuarenta años, un ángel se le apareció en el desierto del monte Sinaí, en la llama de fuego de una zarza.

HECHOS 7:30, RVR1960

¿Alguna vez has sentido que tu vida está en un patrón de espera? Como si lo grande que fuera a ocurrirte estuviera acechando a la vuelta de la esquina. Quizá sientas que estás malgastando tu vida mientras esperas tu propio destino.

Dios tenía a Moisés en un patrón de espera muy similar. Él tuvo esta experiencia increíble al nacer donde lo salvaron específicamente de una muerte segura, encontrándolo milagrosamente la mujer más poderosa de la tierra, y criándolo dentro de la realeza. Tuvo un comienzo de vida increíble, y después, tras un error fatal, se convirtió en un pastor de ovejas más en el desierto durante los siguientes cuarenta años. Cuarenta años. Eso es mucho tiempo para preguntarse si la grandeza de la visión en la que naciste alguna vez dará fruto.

Si te sientes sin dirección en este instante, sin visión y sin destino, has de saber que ningún desierto es demasiado remoto como para no poder encontrarte con una zarza ardiente. ¿Puedes confiar, ver y esperar?

Dificultad para orar

Por lo cual puede también salvar perpetuamente a los que por él se acercan
a Dios, viviendo siempre para interceder por ellos.

HEBREOS 7:25, RVR1960

¿Alguna vez te sientas a orar y ves que te cuesta encontrar las
palabras para empezar? Tropiezas con tus palabras, tu mente se
queda en blanco. Quieres ser obediente pasando tiempo con el
Señor, pero ni siquiera sabes por dónde empezar.

La buena noticia es que Dios interviene por nosotras en medio de
cada tipo de dificultad, incluyendo nuestra vida de oración. Él nos
cubre las espaldas en tiempos de dolor y miseria. ¿Por qué no iba a
estar ahí para nosotras cuando queremos conversar con Él? Él nos
dará las palabras que decir cuando veamos que nos faltan. De hecho,
Él incluso irá más allá de eso ¡y te dará una forma de comunicación
que las palabras no pueden expresar!

*Cuando te encuentras buscando la forma correcta de expresar
lo que quieres decirle a Dios, ¿sabes que Él intercederá si se lo
permites? Pasa algún tiempo sentada tranquilamente, y déjalo
a Él tomar las riendas por ti hoy. ¡Él conoce tu corazón!*

Edifica

"Todo reino dividido contra sí mismo quedará asolado, y toda ciudad o familia dividida contra sí misma no se mantendrá en pie".

MATEO 12:25, NVI

¿Recuerdas un momento concreto en el que te dieras cuenta de que no podías hacerlo por ti sola? La cultura de hoy nos anima a ser independientes. Podemos conducir donde queramos, escoger nuestra propia educación, y decidir a qué comunidades pertenecer. Esta libertad de decisión es un regalo, y a la vez también puede conducir a sentirnos como si fuéramos las dueñas de nuestro propio destino. Por muy independiente que pueda llegar a ser la vida moderna, seguimos siendo parte de muchas estructuras sociales.

Esto significa que, en algún momento, tendrás que confiar en otras personas. Es mejor aprender a vivir en armonía con otros que ver cómo se divide tu lugar de trabajo, tu iglesia o tu hogar. Si estás en una situación ahora en la que comienzas a ver división, no seas parte del problema. Ponerte de algún lado solo causará más fracturas. Somos llamadas a la unidad, porque esto es lo que hace que seamos personas más fuertes y mejores.

¿De qué reinos, ciudades y casas eres parte?
¿Cómo puedes trabajar para edificar estas cosas?

Perseverancia

> Por lo tanto, no desechen la firme confianza que tienen en el Señor.
> ¡Tengan presente la gran recompensa que les traerá! Perseverar con
> paciencia es lo que necesitan ahora para seguir haciendo la voluntad
> de Dios. Entonces recibirán todo lo que él ha prometido.
>
> HEBREOS 10:35-36, NTV

¿Recuerdas cuando decidiste seguir a Cristo por primera vez?
Quizá te sentiste como si te quitaran un gran peso de encima, o que
la paz y el gozo que habías estado buscando finalmente eran tuyos.
Estabas llena de emoción en la vida que acababas de encontrar, y te
sentías lista para conquistar el mundo en el nombre de Jesús.

Seguir a Dios puede parecer fácil al principio. Lo aceptamos en
nuestra vida y nos inunda su amor para llenarnos de una esperanza
increíble. Pero según va pasando el tiempo, regresan las viejas
tentaciones, y amenazan con sacudir nuestra resolución. La
confianza que sentíamos en nuestras relaciones al principio mengua
a medida que nos preguntamos si tendremos lo que se necesita para
continuar en esta vida cristiana.

Quizá has perdido la confianza que tenías al principio.
O quizá aún estás en ese lugar de total confianza. Sea como
fuere, ¿puedes dar un paso hacia delante de valentía para
entrar en todo lo que Dios tiene para ti? Permanece confiada
en Él; Él llevará a cabo todo lo que ha prometido.

Sin límites

Muchas veces lo pusieron a prueba;
¡hicieron enojar al santo Dios de Israel!
No se acordaron del día cuando Dios, con su poder,
los libró de sus enemigos.

SALMOS 78:41-42, TLA

¿Te cuesta saber dónde encajas? ¿Te encuentras en una búsqueda para encontrar tu propósito? ¿Sientes que has cambiado, y que el propósito que creías que Dios tenía para ti ahora parece enormemente distinto? Puede resultar muy confuso, ¿verdad? Cuando pensamos que nuestro propósito es turbio, fácilmente podemos volvernos ciegas a la capacidad de Dios.

Amigas, Dios no tiene capacidad. Servimos a un Dios sin límites. Él nos dice que, en Él, todo es posible. No tienes que tener confianza en lo que tú puedes hacer, solo en lo que Él puede lograr por medio de ti. Él es capaz de absolutamente cualquier cosa, y sus planes para ti son muy profundos.

¿Cuál sientes que es tu propósito? Abre tu corazón y tu mente a un Dios ilimitado. Cree, en lo más hondo de tu corazón, en la plenitud de su capacidad ilimitada para ti. Ora por eso, da pasos, y observa cómo Él cumple tu importante propósito.

Agosto

Al de carácter firme
lo guardarás en perfecta paz,
porque en ti confía.

ISAÍAS 26:3, NVI

Todos los talentos cuentan

El Señor los ha dotado de un talento especial en el arte de grabar, de
diseñar, de tejer y bordar en hilo azul, púrpura y escarlata de lino fino.
Ellos se destacan como artesanos y diseñadores.

ÉXODO 35:35, NTV

Durante la Primera Guerra Mundial, la Cruz Roja estadounidense
llamó a sus ciudadanos a ayudar a las tropas que luchaban en el
extranjero. Uno de sus mayores éxitos fue una campaña de punto
llamada Teje tu Parte, donde solo se necesitaba agujas de tejer, lana
y una habilidad que se aprendía fácilmente. Al final de la guerra, los
estadounidenses habían producido 24 millones de prendas militares,
como jerseys, forros para cascos y calcetines. Hombres, mujeres,
niños y niñas contribuyeron con la iniciativa. Ninguna habilidad
era demasiado pequeña, ninguna contribución era demasiado
insignificante para responder al llamado.

Del mismo modo, tus habilidades creativas son un regalo para el reino
de Dios. ¡Puedes usar tu imaginación para su gloria! Tal vez pienses
que Dios no está interesado en usar tu creatividad, pero tus talentos
son una gran bendición para otros. ¿Dónde podrían ser tus talentos
una bendición? ¿Conoces a alguien que se pueda beneficiar de tu
solicitud? ¡Tus humildes ofrendas dan testimonio del amor de Dios!

*¿Has considerado en oración cómo usar
tus talentos para sus propósitos?*

Valiente y confiada

Oh Jehová, de mañana oirás mi voz; de mañana me
presentaré delante de ti, y esperaré.
SALMOS 5:3, RVR1960

Cada día se nos da la oportunidad más increíble. Se nos da la oportunidad de hablar con un Dios que ha estado en nuestros zapatos. Un hombre que literalmente hacía lo que predicaba. Él está esperando que nos acerquemos a Él y le pidamos cualquier cosa.

Jesús sufrió las mismas cosas que nosotras durante su tiempo en la tierra; así que, verdaderamente entiende de dónde venimos cuando nos acercamos a Él. ¡No necesitamos reunir valor! Él quiere que estemos confiadas. Ester fue valiente cuando se acercó a su rey para salvar a su pueblo, ¡y ese tipo era conocido por tomar decisiones apresuradas y terribles! Nosotras hablamos con un Rey que es conocido por su misericordia.

¿Te estás conteniendo tentativamente en tu tiempo con tu Rey celestial? Sé valiente, ¡y ten confianza! Él te mostrará gracia y misericordia en cualquier cosa que busques.

Edificadoras de humanos

Por eso, anímense los unos a los otros, y ayúdense a fortalecer su vida cristiana, como ya lo están haciendo.

1 TESALONICENSES 5:11, TLA

Cada una de nosotras es una edificadora cuando se trata del crecimiento con otro creyente. Somos una casa para Dios y para nosotras mismas. Somos un templo y uno de los lugares donde el Espíritu Santo habita. Cuando se nos anima, nuestra fe en que Dios está construyéndonos conforme a su voluntad, aumenta. Cuando invertimos tiempo y energía en aprender de otros, crecemos y creamos una casa mejor en la que el Espíritu Santo habita.

Todo lo que hacemos es para la gloria de Dios. Cuando animamos a otros, y compartimos nuestros testimonios, ideas y lecciones aprendidas, nos convertimos en constructoras que edifican humanos. Qué gozo tan maravilloso es crear una habitación gloriosa para el Espíritu de Cristo. Qué honor tan maravilloso es ayudar a otros a hacer lo mismo.

Cuando piensas en tu vida interior,
¿qué quieres ofrecer a Cristo para que lo actualice?
Sé valiente.

Plenamente viva

¡Feliz el pueblo que cumple la ley de Dios!
PROVERBIOS 29:18, DHH

La existencia cotidiana puede succionarnos la vida. En algún momento, entre estar en un atasco de tráfico, fregar pisos y cepillarnos los dientes, podemos olvidarnos de vivir. ¿Qué significa estar viva, en vez de vivir? No solo existir en la vida, sino conocerla, entenderla, experimentarla: vivirla. ¿Cómo sería? Caída libre desde un avión. Correr por la hierba descalza con el sol en la cara. Traer bebés al mundo, gritando y fuertes con poder y vida.

¿Cómo sería si viviéramos cada momento en el espíritu de esos momentos en lo que estamos plenamente vivas? Sin una razón para vivir, sin propósito, perecemos, flaqueamos, perdemos nuestro rumbo, y perdemos la esperanza. Comenzamos a existir informalmente en vez de respirar la reverencia de una vida plenamente viva. Tenemos que volver a lanzar la visión para nosotras diariamente. Abre tu mente y tu corazón a la visión que Dios tiene para ti.

¿Hay sueños que Dios te ha dado que has perdido por el camino? Confía en que te serán devueltos. Dios sopló vida en ti para que pudieras vivirla al máximo.

Abrazar la soledad

*Después de despedir a la gente, subió a las colinas para orar a solas.
Mientras estaba allí solo, cayó la noche.*
MATEO 14:23, NTV

Todos en la casa se han ido, por todo el fin de semana. ¿Cómo te hicieron sentir esas palabras? ¿Te pusiste a pensar a quién llamar para salir a divertirte por la noche, o te dio alegría pensar en horas ininterrumpidas de tiempo de calma para leer, relajarte y restaurarte? Quizá ambas ideas te atraen: un poco de tiempo para compartir con las chicas y un poco de tiempo a solas.

Jesús cuidó su tiempo a solas. Lo protegió. En medio de las historias de ministrar a multitudes, alimentar a miles e innumerables horas pasadas con los doce que eligió como apóstoles, es fácil que este hecho pase desapercibido. Al estudiar los Evangelios, vemos emerger un patrón: Él sanó, después se fue a orar solo; enseñó, después subió a un monte a orar a solas; los discípulos se fueron en la barca, y Jesús se quedó en la orilla, a solas.

*Imagínate a Jesús yéndose, desapercibidamente, para pasar
tiempo con su Padre. Qué intimidad debieron haber tenido;
qué restauradoras debieron haber sido esas horas de oración.
Al margen de cuáles sean tus sentimientos sobre la soledad,
¿puedes pedirle a Dios que te imparta su mismo deseo
con respecto a pasar tiempo a solas contigo?*

Quédate quieta

Ustedes quédense quietos,
que el Señor presentará batalla por ustedes.
ÉXODO 14:14, NVI

Para alguna de nosotras, quedarse quieta es muy difícil, especialmente cuando nos vemos ante una crisis o la incertidumbre. Preferimos estar en control, hacer, movernos. Nuestros temores se apoderan y nos impulsan para continuar. De muchas maneras obtenemos una sensación de seguridad teniendo un plan y viendo ese plan desarrollado a la perfección. Pero a veces nuestra negativa a detenernos es un reflejo de nuestra falta de fe. Dios quiere que estemos quietas, que nos rindamos, que soltemos y lo dejemos a Él.

En nuestra quietud, somos capaces de oír la voz de Dios y verlo obrar claramente. Podemos soltar el agarre fuerte que ejercemos sobre nuestros planes y rendírselos al que tiene los mejores interesen en su corazón. En nuestra quietud, Él puede acallar nuestras ansiedades y preocupaciones. En Él, podemos estar quietas cuando el mundo se derrumba, cuando la incertidumbre está presente, y en nuestro dolor y nuestras heridas.

¿Te cuesta bajar el ritmo y estar quieta?
¿Es tu incapacidad para rendir el control un reflejo
de tu falta de confianza en Dios?

El gozo de los justos

Pero que los justos se alegren y se regocijen;
que estén felices y alegres delante de Dios.

SALMOS 68:3, NVI

Dios no vino de nosotras; nosotras vinimos de Dios. Nuestro único propósito está mezclado con nuestro servicio a Él. Él nos ha dado a cada una un llamado, y es nuestro deleite aprender a caminar por la senda en la que Él nos ha puesto. Así que, a diferencia de las que pueden rebuscar una felicidad fugaz, nosotras tenemos un gozo verdadero al hacer la obra del Señor.

Nos gozamos en Dios porque Él satisface nuestra alma. Nuestro anhelo y nuestra soledad se desvanecen y quedan reemplazados por el gozo y el contentamiento. Como pueblo justo de Dios, es tanto nuestro mandato como nuestra alegría seguir los mandamientos del Señor.

¿La obediencia aún te da gozo,
aunque no quieras obedecer?

Sufrimiento

Me alegro de ser débil, de ser insultado y perseguido,
y de tener necesidades y dificultades por ser fiel a Cristo.
Pues lo que me hace fuerte es reconocer que soy débil.

2 CORINTIOS 12:10, TLA

Dios no se deleita en tu sufrimiento. Muchas quizá leen la Biblia y creen que Dios se deleita en nuestro sufrimiento. Nada podría estar más lejos de la verdad. Lo que Dios quiere lograr en tu vida es santidad. A menudo eso exige insultos, dificultades, persecuciones y problemas para humillarnos ante Dios. Nuestra mejor vida no es una vida libre de sufrimiento, sino una que confía totalmente en la gracia de Dios.

Si miras un par de versículos atrás, verás que hablan de cómo Pablo estaba siendo acosado. Esto era directamente de Satanás, y con lo que Satanás quería dañarlo y desanimarlo fue usado para hacer que Pablo se pusiera de rodillas ante Dios en humildad. Si lo que están arrojando a nuestro camino nos está impidiendo constantemente que nos inflemos de orgullo autosuficiente y que nos pongamos de rodillas ante Dios, ¡déjalo que venga! Dios no se deleita en tu dolor. Aunque el alivio no llegara, Dios está obrando en ti y a través de ti.

¿Cómo cambia este pasaje tu idea del sufrimiento?

La buena batalla

Por eso te recomiendo que avives la llama del don de Dios que recibiste…
Pues Dios no nos ha dado un espíritu de timidez, sino de poder, de amor
y de dominio propio. tú también, con el poder de Dios, debes soportar
sufrimientos por el evangelio.

2 Timoteo 1:6-8, nvi

Dios nos ha pedido que nos unamos a Él en la batalla por su reino. Para sentirnos seguras en lo que es eso, tenemos que entender que tener valentía es algo que Dios da. Tener valentía para pelear por nuestro Padre, para luchar por nuestros hermanos y hermanas, se da a través del Espíritu de Dios. El mismo Espíritu que vive en Él está vivo en nosotras; solo esa idea debe empujarnos.

Segunda de Timoteo nos promete que nuestro espíritu nos da poder, amor y dominio propio. Para ver la plenitud del Espíritu de Dios tenemos que dar un paso. No es necesario que sea un gran salto, sino solo un paso para encender una llama. Un paso podría ser llevarle un café a una compañera, preguntarle a un camarero si pertenece a alguna iglesia, o acercarte a esa vecina con la que nunca has ido. Un paso es poderoso; puede plantar una semilla del tamaño de un grano de mostaza. Y ese mismo grano de mostaza puede mover una montaña, avanzar su reino, y glorificar su propósito.

¿Qué significa para ti dar un paso y unirte a la batalla?

Un amor encontrado

Yo amo a los que me aman, y me dejo encontrar
por todos los que me buscan.
PROVERBIOS 8:17, TLA

*D*ios es misterioso y universal. Él es mucho mayor y más
poderoso de lo que podemos comenzar a entender. Y sin embargo,
no se esconde de nosotros. No solo está presente en nuestra
vida, sino que espera pacientemente a que acudamos a Él. Él está
esperando amarnos. Él quiere que lo conozcamos del mismo modo
que Él nos conoce.

Para buscarlo, tenemos que aminorar nuestros ocupados cuerpos
y mentes, aquietarnos en su presencia, y escucharlo con atención.
Cuando llevamos vidas tan ocupadas y tan llenas de cosas, nos
cuesta mucho disciplinarnos para sacar tiempo en nuestro día
para enfocarnos en nuestra relación con Dios. Él está siempre ahí,
siempre presente, pero a veces estamos demasiado distraídas como
para observarlo. Es en los lugares tranquilos donde podemos verlo,
sentirlo y oírlo. Cuando disponemos nuestro corazón para buscarlo
en esos lugares, cuando deseamos conocerlo íntimamente,
y comenzamos a buscarlo en todo, Él nos revela.

¿Estás satisfecha en tu relación con Dios?
¿Deseas conocerlo más íntimamente?

Corona de belleza

A todos los que se lamentan en Israel les dará una corona de belleza
en lugar de cenizas, una gozosa bendición en lugar de luto, una festiva
alabanza en lugar de desesperación. Ellos, en su justicia, serán como
grandes robles que el SEÑOR ha plantado para su propia gloria.

ISAÍAS 61:3, NTV

Dios es muy capaz de tomar algo horrible y crear algo hermoso.
Cuando estamos tristes, Él nos ofrece consuelo y gozo. Él cambia
nuestra desesperación en razones para celebrar. En medio de los
problemas, deberíamos seguir buscando a Dios y entregarle con
confianza nuestros problemas. Él tiene la facilidad de arreglar lo que
está roto.

Pídele a Dios que te establezca como un árbol fuerte para que,
cuando la angustia venga sobre ti, no te derrumbes. Él te ayudará a
que la locura cobre sentido y te volverá a reestablecer. Entrégale tu
corazón roto y deja que Él te dé una corona de belleza a cambio.

¿Cuál podría ser una conclusión precisa
si el Señor no alivia inmediatamente tu sufrimiento?

Camina con valentía

*Él es un Dios bueno; su amor es siempre el mismo,
y su fidelidad jamás cambia.*

SALMOS 100:5, TLA

Lo mejor de Dios aún está por llegar. No te rindas. Confía en Él.
Él puede poner fin a tu pasado, a tus preocupaciones, a tus temores.
Él te está llevando a una nueva fase. Él ha liberado gozo, paz y
prosperidad de tu alma sobre ti. Sigue avanzando con valentía. Sigue
viviendo osadamente. Sigue diciendo: "¿Por qué no voy a poder?".
Él te ha creado para ser una persona de poder y una persona de
influencia. Él confía en que vivas su amor. Eres un almacén de paz.

Cuando Dios dice algo nuevo sobre ti, Él crea algo nuevo en ti.
Él puede crear cosas nuevas en cualquier momento. Quizá creará
nuevos niveles de valor y osadía en ti para que puedas demostrar su
corazón a otros incluso cuando te dé miedo hacerlo.

*¿Cómo puedes actuar con valentía hoy?
Escribe las maneras que Dios te está revelando
en este momento.*

Agradecida por siempre

Sean agradecidos en toda circunstancia, pues esta es la voluntad de Dios para ustedes, los que pertenecen a Cristo Jesús.

1 TESALONICENSES 5:18, NTV

La gracia de Dios es más que suficiente para llevarnos en medio de cualquier circunstancia. Su amor es inagotable y sus misericordias nos rodean cada día. Entender la grandeza del Dios al que servimos nos da una razón para ser siempre agradecidas. Incluso cuando tenemos días difíciles, deberíamos estar llenas de gratitud por todo lo que Dios ha hecho. Los tiempos difíciles pasarán, pero la gracia de Dios nunca pasará.

Nuestro agradecimiento está también muy ligado al testimonio de lo que Dios ha hecho y cómo representamos el amor que hemos recibido. Cuando otros nos vean agradecidas en cada circunstancia, sabrán que nuestro gozo no depende de que los tiempos sean buenos, sino de que tenemos un Dios bueno.

Si verdaderamente perteneces a Cristo, ¿cómo cambia eso tu forma de abordar las circunstancias difíciles?

Brazos amorosos

No se inquieten por nada; más bien, en toda ocasión, con oración y ruego, presenten sus peticiones a Dios y denle gracias.

FILIPENSES 4:6, NVI

A la abuela Ana le gustaba bañar a Benito. Enjabonar su cabello oscuro y limpiarle la cara. Lavar esas manos y pies blanditos y con hoyuelos. Poner espuma sobre la arrugada tripita y espalda del bebé. Después observaba mientras su nieto salpicaba y daba patsaditas en el agua tibia. Aunque esta vez no lo hizo. Estaba muy cansado y no quería que le dieran un baño. El llanto comenzó cuando ella empezó a llenar la bañera de agua. Lo bañó lo más rápido que pudo, mientras que las lágrimas corrían por sus mejillas hasta llegar al agua. Cuando lo arropó con la toalla bien mullida, su cuerpo con olor a lavanda se relajó en sus brazos y dejó de llorar de inmediato. Se acurrucó en los brazos de la abuela Ana, y empezó a sentir sus párpados pesados y su respiración cada vez más profunda.

¿Te gustaría poder acurrucarte en los brazos de tu Padre celestial? Cuando solo quieres recostarte y contarle todos tus problemas y preocupaciones y afanes, y solo quieres sentir que te abrazan, como una niña de nuevo. Con tranquilas promesas de que todo va a estar bien. Esto lo tenemos a nuestra disposición en cualquier momento. Dios quiere llevarnos en sus brazos. Él quiere rodearnos con sus brazos de amor, escuchar los estreses y afanes del día, limpiar todas nuestras preocupaciones y temores, y consolarnos y darnos esperanza.

¿Cómo tus retos y dificultades pueden acercarte más a Dios?

Camina con los sabios

Quien con sabios anda a pensar aprende;
quien con tontos se junta acaba en la ruina.
PROVERBIOS 13:20, TLA

Los hábitos y las conductas se aprenden. Somos mucho más susceptibles a la influencia de lo que nos gustaría creer, y mientras más nos asociamos con los necios, antes pareceremos necias. Esto no significa que debamos rechazar a los que actúan mal, ya que Jesús mismo se sentó con pecadores y buscó a los perdidos. Pero deberíamos rodearnos de las personas que también caminen sabiamente, porque inevitablemente seremos más como ellas. La influencia es poderosa, y por eso debemos decidir a propósito qué dejaremos que nos influencie.

Pídele a Dios que traiga sentido a la confusión que te rodea al sentarte en su presencia. Él imparte su sabiduría a los que lo buscan y también te anima a buscar a más personas sabias. Él puede traer esas personas a tu vida y darte humildad para aprender de ellas si se lo pides.

¿Te asocias con personas sabias
en un esfuerzo por aprender de ellas?

Fe que proclama

Que él les dé el poder para llevar a cabo
todas las cosas buenas que la fe los mueve a hacer.

2 TESALONICENSES 1:11, NTV

¿Alguna vez has tenido miedo de lo que otros puedan pensar de ti al enterarse de que eres cristiana? ¿Alguna vez te preocupa que la gente pueda suponer que eres un tanto extraña si proclamas tu fe? Ya de por sí es difícil encajar en la sociedad sin darles otra razón para que te rehúyan.

Anímate, ¡no hay razón para temer! Dios nos ha dado su Espíritu Santo para guiarnos cuando surjan conversaciones difíciles. No tengas vergüenza, pues Él te ha equipado con todo el talento que necesitas para compartir su amor con los que te rodean. Habrá algunos que se reirán, y habrá otros que te menospreciarán por tus creencias. El Señor mismo nos dice mediante su Palabra que no tenemos nada que temer.

¡Sacúdete tu timidez! Imagínate quitándotela como un abrigo de invierno en el calor de la primavera. ¿Estás preparada para compartir tu fe sin temor? Dios ha enviado su Espíritu Santo para darte poder cuando te falte. ¡Aprovéchate de ello!

Lugares sagrados

El que habita al abrigo del Altísimo morará
bajo la sombra del Omnipotente.

SALMOS 91:1, RVR1960

¿Has estado alguna vez despierta y has pensado que nadie más lo estaba? Quizá tuviste un vuelo muy temprano en la mañana, y sentías que eras la única persona que estaría activa a esas horas. Es una sensación mágica, ¿no es cierto? Es como si tuvieras un secreto que no has compartido.

Al margen de que seas un búho nocturno, una persona madrugadora, o estés en algún lugar intermedio, hay una paz que viene al encontrarte con Jesús en secreto, cuando tu mundo se ha detenido un instante. Necesitas alimento espiritual para vencer cada día, así que asegúrate de no quedarte sin él.

¿No te alegra pasar momentos con Jesús? Incluso una pequeña cantidad de tiempo con Él te da el valor para hacer frente a este día con confianza y serenidad.

Profundamente cansada

Tal vez tenga tropiezos, pero no llegará a fracasar
porque Dios le dará su apoyo.
SALMOS 37:24, TLA

¿Alguna vez te has sentido tan cansada que pensabas que no podías dar ni un paso más? Tu agenda es un jaleo de actividades programadas, tus días están más que ocupados, tienes anotadas cosas en cada hora del día para una cosa o para otra, y es difícil encontrar ni siquiera unos minutos libres para ti misma. Incluso sientes que hasta tus huesos están cansados, y te metes en la cama en la noche exhausta por todo ello.

Hay alguien que está listo para sujetarte cuando caigas. Tal vez andas a trompicones por tus ocupados días, pero Él nunca dejará que llegues al suelo cuando tropieces. ¡Dios se agrada contigo! Él dirigirá cada uno de tus pasos si se lo pides. Él te tomará de la mano con mucho gusto y te guiará.

¿Estás permitiendo que el Señor guíe tus días? Aunque estés cansada, Él tiene suficiente energía para ayudarte a superarlo. Extiéndele tu mano hoy y camina al lado de Jesús.

Traducción perfecta

Dios es el que me ciñe de poder,
y quien hace perfecto mi camino.

SALMOS 18:32, RVR1960

¿Alguna vez te has sentido torpe con las palabras, sin la habilidad de encontrar exactamente cómo explicar tu punto? No siempre tenemos todas las respuestas, y a veces solo necesitamos la humildad de admitir lo que no entendemos.

Este versículo es un buen recordatorio de que Dios es la fuente de tu fortaleza. Cuando estés pasando por un tiempo difícil o tengas que tomar una decisión difícil, no tienes que confiar en tu propio entendimiento porque no es perfecto. En vez de ello, confía en Dios como tu fuente. Él guiará tu mente y tu corazón hacia lo correcto.

¿Puedes decidir llevar a Dios las ansiedades que te genera tu situación? Dale gracias por ceñirte de su poder y por mostrarte sus caminos perfectos.

Ser confiable

El alborotador siembra conflictos;
el chisme separa a los mejores amigos.
PROVERBIOS 16:28, NTV

¿Alguna vez te han contado un secreto? Quizá realmente es una buena noticia. Una amiga está embarazada o ha recibido un premio. Te han contado la noticia, pero no están preparadas aún para compartirlo con todo el mundo. ¿Puedes guardar ese secreto? ¿Eres digna de su confianza? ¿Cuál será su decepción cuando oigan su propia noticia difundida por ahí? Mantener la confidencialidad es sin duda alguna una forma de mostrar a alguien cuánto te interesa y cuánto lo respetas.

¿Te gustan los rumores? Pasar el último chisme parece ser algo que viaja más rápido que la velocidad de la luz sin tener en cuenta la verdad o los sentimientos de las personas involucradas. Las redes sociales están llenas de insinuaciones y "hechos" inventados. Contar chismes es un acto egoísta. Al que lo cuenta le hace sentir importante a expensas de otros. Cuando nos importa alguien, queremos lo mejor para esa persona. No queremos herirles a ellos, ni su reputación o sus sentimientos. Queremos respetar su confianza y que sigan confiando en nosotras. Una persona sabia aprende a controlar la lengua y a guardar la confianza.

¿Pueden tus amigos contar contigo
para que guardes un secreto?

Juicio apresurado

Digo, pues, por la gracia que me es dada, a cada cual que está entre vosotros, que no tenga más alto concepto de sí que el que debe tener, sino que piense de sí con cordura, conforme a la medida de fe que Dios repartió a cada uno.

ROMANOS 12:3, RVR1960

¿Alguna vez has sentido juzgada precipitadamente? Tuviste un enfrentamiento que no salió como esperabas y de inmediato te sentiste muy mal. Deseamos gracia para nosotras cuando estamos teniendo un "mal día", pero es fácil olvidarnos de ofrecer esa misma gracia a otros. Quizá lo hemos hecho por tanto tiempo que ni siquiera nos damos cuenta de que lo estamos haciendo.

Esto es lo que tenemos que recordar: somos iguales. Somos hijas del Dios Altísimo, preciosas, maravillosamente creadas a su imagen. Pertenecemos a Jesús. Pidámosle a Dios que nos dé corazones para ver a otros por lo que son, hermanos y hermanas, y para recordar que no son nada menos que nosotros.

¿Has tenido recientemente un enfrentamiento en el que has juzgado a alguien o no le has ofrecido gracia? Medita en las personas de tu vida y en tu corazón hacia ellos. Pídele a Dios que te dé sus ojos para verlos como Él los ve.

Celebrar

Me preparas un banquete en presencia de mis enemigos.
Me honras ungiendo mi cabeza con aceite.
Mi copa se desborda de bendiciones.

SALMOS 23:5, NTV

Probablemente no te estás preparando físicamente para la batalla hoy, pero en los días de estos versículos, la batalla era algo muy común. Cuando se hacía frente a los enemigos, era importante tener los nutrientes correctos para poder tener la fuerza necesaria para soportar la lucha.

Tú no tendrás enemigos ni probablemente tendrás que luchar, pero ciertamente necesitas fuerza para enfrentar los obstáculos que se cruzarán en tu camino. Asegúrate de estar nutrida con su Palabra cada día para que estés equipada para el día.

*¿Cómo meditar en la Palabra de Dios
te equipa para el día?*

Personas veraces

Nunca se apartará de tu boca este libro de la ley, sino que de día y de noche meditarás en él, para que guardes y hagas conforme a todo lo que en él está escrito; porque entonces harás prosperar tu camino, y todo te saldrá bien.

JOSUÉ 1:8, RVR1960

¿Has conocido alguna vez a esas personas que dicen la verdad contundente cada vez que hablas con ellas? Parecen estar empapadas de la presencia de Dios, y sabes que, cuando los oyes hablar, serás ministrada por el poder del Espíritu Santo a través de ellos. Estas personas se hacen eco del corazón de Dios porque estudian la Palabra de Dios.

Si meditamos en la verdad, nos convertiremos en personas veraces. Si leemos la Biblia constantemente, la verdad fluirá de nosotras, junto con el gozo, la paz y la sabiduría. Incluso en nuestras conversaciones normales nos veremos usando frases que salen directamente de las Escrituras. Eso es lo que Dios quiere. Él quiere que su alabanza y sus palabras estén de continuo en nuestros labios, un servicio interminable de adoración a Él cuando hablamos.

¿Puedes permitir que la bondad de Dios, su bondad, misericordia y gracia fluyan de ti a medida que te conviertes en una persona veraz?

Círculo

Para alabanza de la gloria de su gracia, con la cual nos hizo aceptos
en el Amado, en quien tenemos redención por su sangre,
el perdón de pecados según las riquezas de su gracia, que hizo
sobreabundar para con nosotros en toda sabiduría e inteligencia.

EFESIOS 1:6-8, RVR1960

¿Alguna vez has dicho o hecho algo que lamentaste de inmediato?
Sencillamente ocurrió: ese horrible momento que repasamos en
nuestra mente una y otra vez. Después, quizá unos días más tarde,
ocurre algo similar. ¿Por qué sucede esto? ¿Por qué no podemos
tener más dominio propio?

Esos momentos son el círculo vicioso de nuestra humanidad. Por
fortuna, mediante la sangre de Jesucristo y nuestro arrepentimiento,
somos perdonadas, liberadas y aliviadas de la carga de nuestros
errores. Se nos da una pizarra en blanco para volver a comenzar.
Y algunos días ese regalo parece más grande que otros. Algunos días
confiamos mucho en la gracia de nuestro Señor y Salvador justo
para pasar el día. Y no pasa nada.

*¿Has tenido un "momento" recientemente? ¿Sabes que estás
perdonada por la sangre de Jesús? Acepta su regalo; estás
perdonada. Perdónate a ti misma y continúa avanzando.*

Perfección en la debilidad

*Bástate mi gracia; porque mi poder se perfecciona en la debilidad.
Por tanto, de buena gana me gloriaré más bien en mis debilidades,
para que repose sobre mí el poder de Cristo.*

2 CORINTIOS 12:9, RVR1960

¿Alguna vez has hecho un test de personalidad para identificar tus fortalezas y debilidades? Probablemente sabes si eres introvertida o extrovertida, si eres creativa o administrativa, buena para hablar, o mejor para escuchar. Probablemente también sabes muy bien cuáles son tus debilidades. Quizá eres excesivamente analítica, dudas de ti misma, eres desorganizada o te falta empatía. ¡Hay áreas en nuestra vida de las que no nos sentimos orgullosas!

Pablo, por otro lado, dice que ¡él prefiere gloriarse en sus debilidades! Pablo sabía que sus debilidades le hacían confiar en el poder del Espíritu Santo. Tal vez estés enfrentando algo que te preocupa porque está fuera de tu zona de confort. ¿Considerarás que Dios puede brillar por medio de ti al reconocer tu total confianza en su Espíritu Santo?

*Realmente no te glorías en tu debilidad, sino en el poder
de Cristo que se revela a través de tu debilidad.
¿En qué te sientes débil hoy?*

Un canto interminable

Oh Señor, por siempre cantaré la grandeza de tu amor;
por todas las generaciones proclamará mi boca tu fidelidad.

Salmos 89:1, NBV

¿Alguna vez has encendido la radio y has oído una canción que al instante te trajo un recuerdo en particular? Claro como el día, puedes sentir las mismas emociones, puedes ver exactamente dónde estabas cuando la escuchaste, y de inmediato te sientes tan joven como lo eras cuando la cantabas en voz alta.

La música es una forma bonita que nos permite crear una banda sonora de vida, juntando canciones que hemos escuchado durante los años. Disfruta del regalo de Dios de la música hoy. Él puede poner cantos en tu corazón que te den gozo y consuelo.

¿Alguna vez te sientes abrumada por la presencia de Dios?

Victoria

*¡Pero gracias a Dios! Él nos da la victoria sobre el pecado
y la muerte por medio de nuestro Señor Jesucristo. Por lo tanto,
mis amados hermanos, permanezcan fuertes y constantes.*

1 CORINTIOS 15:57-58, NTV

¿Has visto alguna vez una de esas escenas de batallas en las películas donde los buenos se ven extremadamente superados en número? Haces un gesto de dolor cuando el ejército de los malos llega con miles de tropas portando armas sofisticadas. Aunque el ejército de los buenos tiene mucho ánimo, sabes que no tienen muchas probabilidades. Pero cuando todo parece perdido, llega ese momento en el que, de la nada, llegan refuerzos en una ola de esperanza para ayudar al ejército de los buenos. De repente, pasan de perder terriblemente, ¡a ganar de forma victoriosa!

Diariamente, nos vemos envueltas en nuestra propia batalla contra el pecado. Por nosotras mismas, no tenemos la fuerza necesaria para ganar la batalla. Pero cuando parece que toda la esperanza está perdida, llega nuestro refuerzo, Jesucristo, y obtenemos la fuerza para conseguir con osadía la victoria sobre el pecado. Tal vez estés pasando por etapas en tu vida en las que sientas que el pecado te supera en número. La tentación es grande, y sientes que no tienes la fuerza necesaria para superarla. Pero debes saber que no tienes que luchar tú sola.

*¿Sabes que tienes el poder de Dios de tu lado,
y que Él ya ha vencido al pecado y la muerte?*

Confianza innegable

Y les aseguro que estaré con ustedes siempre, hasta el fin del mundo.
MATEO 28:20, NVI

¿Has escuchado alguna historia personal que te haya hecho llorar? ¿Has visto a esa persona superar las escasas probabilidades y a la vez aferrarse a Jesús? ¿Te asombró o tenías confianza en que tú reaccionarías igual en una tragedia o situación difícil? Nuestra respuesta a los sueños rotos es increíblemente importante en nuestro caminar espiritual. Al margen de cómo nos sintamos, nuestra tarea es tener una confianza completa en que Dios está con nosotras, caminando a nuestro lado, sosteniéndonos de la mano.

Estamos llamadas a amarlo incluso cuando nos parezca que Él no está ahí. Somos llamadas a ser fieles incluso cuando no sintamos que Él está siendo fiel. Sí lo está. Confiar en Dios es agradable a Él. Él hace el resto del trabajo por nosotras. ¿No es eso hermoso? Tenemos que soltar y confiar en Él cuando lleguen los sueños rotos. Dios nos tomará de la mano y nos guiará, haciendo el trabajo duro por nosotras.

¿Has tenido alguna circunstancia difícil en la que tuviste que aferrarte a Dios como nunca antes? ¿Cómo respondiste? Él quiere que te acerques a Él en esos momentos difíciles. Su amor es el mejor remedio.

Ofendida

Fíjate si voy por mal camino,
y guíame por el camino eterno.

SALMOS 139:24, NVI

¿Has hecho alguna vez un test de personalidad, o has intentado averiguar qué tipo de persona eres? Todos conocemos a personas que expresan todo lo que llega a su mente, aunque las palabras puedan ofender. ¡Quizá tú misma eres una de ellas! Aunque no estés intentando ofender intencionadamente, los pensamientos que no se filtran y aterrizan como palabras pueden terminar siendo dañinos. Si este es uno de tus vicios, tómate un segundo extra para pensar antes de hablar. Puede ayudarte encender ese filtro que te dice cuándo estás a punto de decir algo irrespetuoso o desagradable.

Del mismo modo, si tiendes a ofenderte, echa un vistazo al corazón de la persona que dijo lo incorrecto. ¿Realmente estaba intentando herirte? La ofensa es difícil, ya sea que estés en el lado de darla o de recibirla, así que permite que la gracia de Dios entre en esas situaciones.

¿Ofendes con frecuencia a las personas? ¿Te ofendes a menudo?
Lleva tu corazón y tu ofensa a Dios para que puedas detener
el círculo de daño para ti y para otros.

Robles victoriosos

Para cambiar su derrota en victoria, y su tristeza en un canto
de alabanza. Entonces los llamarán: "Robles victoriosos,
plantados por Dios para manifestar su poder".

Isaías 61:3, TLA

¿Cuántos pensamientos concibe el cerebro humano en una hora?
¿En un día? ¿En toda una vida? ¿Cuántos de esos pensamientos
son acerca de Dios: quién es Él y lo que ha hecho por sus hijos?
Imagínate que tus propios pensamientos sobre la vida y tus
pensamientos acerca de Dios se pesaran en una balanza. Es probable
que la balanza se inclinara más hacia los muchos detalles de la
existencia humana.

Estos detalles temporales eclipsan el consuelo y la promesa en los que
puedes confiar: el evangelio de Jesús y tu salvación eterna. Elimina
cualquier otro pensamiento. Tú no eres un débil retoño, limitado
por una luz inadecuada y escasos nutrientes. Eres un roble fuerte y
elegante. Se ven aliviadas tus cenizas, tu tristeza y tus pesadas cargas.
La balanza se inclina hacia este pesado pensamiento: tú eres de Él.

*¿Puedes dejar que tus pensamientos se extiendan por encima
de la carpa de los detalles humanos diarios para disfrutar del
gozo de saber que Dios te ha dado todo lo que necesitas en Jesús?*

Postergación

El que al viento observa, no sembrará;
y el que mira a las nubes, no segará.
ECLESIASTÉS 11:4, RVR1960

No quiero llegar tarde; creo que iré mañana; estoy un poco cansada; probablemente no lo haría lo mejor que puedo hoy. Ahora mismo no me siento muy creativa. Lo haré en la mañana. ¿Cuántas veces las circunstancias son las ideales? ¿Cuántas veces pensamos que tenemos que esperar hasta que lo sean?

Ahora mismo, hoy, decidamos juntas seguir el consejo de las Escrituras y determinemos que unos pocos minutos tarde es mejor que una ausencia. Reconozcamos nuestra fatiga colectiva, y después hagamos nuestra mejor versión de hoy a pesar de ella. Dejemos de esperar un estallido de creatividad, y abordemos nuestros proyectos y veamos lo que ocurre. Honremos a Dios, y sorprendámonos al mismo tiempo.

¿A qué estás esperando?

Septiembre

Los ricos pasarán hambre,
pero a los que confían en Dios
nunca les faltará nada bueno.

SALMOS 34:10, TLA

Relaciones estimulantes

*No dejemos de asistir a nuestras reuniones, como hacen algunos,
sino animémonos unos a otros; y tanto más cuanto que vemos
que el día del Señor se acerca.*

HEBREOS 10:25, DHH

Si nos reunimos, es mucho más fácil conectar con otras personas y encontrar esas compañeras que nos ayudarán a hacer lo correcto. Vemos las cosas con más claridad cuando intercambiamos ideas, y por lo general trabajamos más cuando lo hacemos como una unidad. Es hermoso ver personas trabajando juntas bajo la mano de Dios. Por el contrario, es difícil hacer cualquiera de estas cosas cuando vivimos aisladas.

Notemos que la idea de abandonar la iglesia se yuxtapone con la de animarnos unos a otros. Cuando los corredores están a punto de cruzar la línea de meta, la multitud de animadores grita con un clamor ensordecedor. Del mismo modo, deberíamos animar cada vez más a nuestros hermanos y hermanas en Cristo. El final de la carrera está asombrosamente cerca, y Jesús desea que todos sigamos corriendo lo mejor que podamos.

*¿Cómo te han animado otras personas,
y qué efecto causó en ti?*

Ha nacido una estrella

El Señor tan solo habló y los cielos fueron creados.
Sopló la palabra, y nacieron todas las estrellas.

SALMOS 33:6, NTV

Si alguna vez has tenido la oportunidad de estar en un lugar remoto en una noche clara, sabrás lo que es mirar al cielo y maravillarte de la magnífica muestra de las estrellas. Es una vista que quita la respiración, y nos recuerda la grandeza de nuestro Dios, quien las creó con su palabra.

¿Te sientes insignificante en el gran mundo de Dios? Recuerda que Dios tiene un plan perfecto para este mundo, y tú completas su plan. Levanta tus ojos sabiendo que Él conoce tu nombre y que tú estás incluida en su plan.

*Cuando piensas en todo lo que Dios creó,
¿te maravilla que se interese por tener un plan para tu vida?
¿Puedes confiar en que Él está en control?*

Criaturas creadas

¡Cuán innumerables son tus obras,
oh Jehová! Hiciste todas ellas con sabiduría;
la tierra está llena de tus beneficios.

SALMOS 104:24, RVR1960

Si alguna vez has visto algún documental de la naturaleza, sabrás lo que es estar fascinada por la criatura que se está describiendo. Si eres capaz de que una criatura te cautive, ¡imagínate cuánto más hay que aprender sobre todas las demás criaturas que existen!

Este mundo es un lugar increíble, repleto de imaginación e inspiración. Hoy no es tan solo otro día más. Toma un tiempo para observar lo extraordinario en lo que Dios ha creado en los seres vivientes que te rodean.

¿Puedes apartar un tiempo hoy para observar las cosas increíbles que Dios ha creado? Dale gracias por la inspiración que te da observar la belleza.

Pasos ordenados

Yo te instruiré, yo te mostraré el camino
que debes seguir; yo te daré consejos
y velaré por ti.

SALMOS 32:8, NVI

Si alguna vez le has dado la mano a un niño pequeño, sabrás que confían en ti en cuanto a su balance. Si tropiezan, para ti es fácil mantenerlos en pie. Este sencillo hecho de agarrar la mano significa que tú y el niño tienen confianza en que no se caerá de boca.

Del mismo modo, cuando entregamos al Señor nuestro camino, básicamente estamos poniendo nuestra mano en la suya. Él se deleita en el hecho de que estamos caminando con Él. Incluso en los momentos en los que tropezamos, Él afirmará nuestra senda y nos dará la confianza para seguir caminando.

¿Sientes que has tropezado últimamente, o que no estás segura de tu caminar con Dios? Ten la confianza de que el Señor se deleita en tu compromiso con Él. Acepta su mano, continúa caminando, y confía en que Él impedirá que te caigas.

Protocolo de la realeza

Así que acerquémonos con toda confianza al trono de la gracia de nuestro Dios. Allí recibiremos su misericordia y encontraremos la gracia que nos ayudará cuando más la necesitemos.

HEBREOS 4:16, NTV

Imagínate entrando en el palacio de Buckingham, sin que nadie se dé cuenta y sin restricciones, sin llamar ni anunciar tu visita, y poner una silla junto a su Majestad, la Reina de Inglaterra. "Hoy ha sido un día muy largo. Nada me ha salido bien, y ahora el automóvil está haciendo un ruido muy extraño. ¿Me podría ayudar?".

¡Esta estampa resulta casi absurda! Hay un protocolo para ver a la realeza, hay muchas reglas que seguir, por no mencionar la guardia armada que protege todos los flancos. Pero hay un trono real al que nos podemos acercar sin temor o sin la adecuada etiqueta. No tiene guardias, pagos, cerraduras ni restricciones. Su ocupante es el Dios de toda la creación, y Él está deseoso de oír los altibajos de tu día.

Acércate al trono, saca una silla sin vergüenza alguna y eleva tu voz a Él. A Él le encanta tu compañía. ¿Qué necesitas? Pídele sin temor. ¿Qué regalos te ha dado? ¿Qué guía estás buscando? Su sabiduría es tuya si escuchas.

Pertenencia

En esto sabremos que somos de la verdad,
y nos sentiremos seguros delante de él.
1 JUAN 3:19, NVI

En un mundo que compite por las verdades, y donde hay voces que te dicen que te apropies de tu verdad, ¿qué más se puede decir sobre conocer algo con seguridad? La verdad asume que hay una creencia correcta, más allá de toda subjetividad personal y experiencia. Aunque todo lo que experimentamos tiene un nivel de verdad, hay una verdad mayor sobre nuestras vidas y nuestra existencia que solo se puede encontrar en Jesús.

La verdad es esta: tú perteneces. En un mundo donde intentamos desesperadamente encontrar un lugar, encajar en ciertos grupos y compartir terreno común, a menudo podemos sentirnos aisladas. La verdad de Dios es que eres parte de su familia, y nada va a cambiar eso. Al morar en la realidad de saber que perteneces, deja que tu corazón encuentre la presencia divina del Dios vivo, y descansa en eso.

¿Cómo sabes que perteneces a la verdad? ¿Qué verdades de este mundo están compitiendo con el conocimiento de tu pertenencia a la familia de Dios?

Entrada permitida

SEÑOR, ¿quién puede adorar en tu santuario?
¿Quién puede entrar a tu presencia en tu monte santo?
SALMOS 15:1, NTV

En el antiguo Israel, el santuario no era un lugar con una entrada fácil. Era un lugar donde moraba el Dios vivo y había requisitos de sacrificio y purificación antes de que alguno pudiera entrar y ser limpio del pecado. En esos tiempos, era un proceso selectivo: una cuestión que el rey David consideró: "¿Quién puede adorar en este santuario?".

Somos muy privilegiadas de que ahora Jesús viva en nuestro interior, lo cual nos hace ser suficientemente santas para estar en la presencia de Dios en cualquier momento. No hay nada que tengas que hacer salvo dejar que Jesús entre. Disfruta de la libertad de estar en la presencia de Dios hoy.

¿Cuál es la forma con la que más facilidad entras
en la presencia de Dios?

Ciudad sin muros

En verdad, Dios ha manifestado a toda la humanidad su gracia, la cual trae salvación y nos enseña a rechazar la impiedad y las pasiones mundanas. Así podremos vivir en este mundo con justicia, piedad y dominio propio.

Tito 2:11-12, NVI

En la escuela, teníamos que esperar para hablar hasta que nuestra mano estuviera alzada. La maestra no señalaba a ninguna alumna hasta que ella no hubiera terminado de hablar. Los niños apenas se podían esperar un segundo más para dar la respuesta. Estas maestras eran sabias. Estaban intentando enseñar dominio propio, una lección de vida muy valiosa.

La falta de dominio propio se produce de varias formas: reaccionando desmedidamente, pasando mucho tiempo ante la computadora o el teléfono, perdiendo el control, malgastando el dinero, diciendo chismes, y la lista continúa. El dominio propio exige disciplina. Para perfeccionarlo, tenemos que practicar y pedirle ayuda a Dios. Proverbios 25:28 describe a un hombre sin dominio propio como una ciudad conquistada y sin murallas protectoras. Qué manera tan sencilla de dejar que el enemigo entre.

¿Qué áreas en tu vida exigen que practiques más dominio propio? ¿A quién le puedes rendir cuentas? Pide ayuda hoy en el área del dominio propio. Lleva tu debilidad a la luz y encuentra la ayuda que necesitas en el Señor.

Permanece firme

> Estén alerta. Permanezcan firmes en la fe.
> Sean valientes. Sean fuertes.
> Y hagan todo con amor.
> 1 CORINTIOS 16:13-14, NTV

Como resumen de todo lo que Pablo les había escrito a los creyentes corintios, recapituló su carta casi a modo de viñeta. Debemos estar alertas y vigilantes porque tenemos un enemigo real que desea que fracasemos. El diablo intentará tentarnos y distraernos del llamado que Dios ha puesto en nuestras vidas. La manera en que podemos distinguir las mentiras es permaneciendo firmes en nuestra fe y sabiendo lo que Dios dice.

Nuestro valor y nuestra fuerza vienen de Dios. Él es poderoso y siempre nos salvará, así que no tenemos que tener miedo. Mientras más íntimamente conozcamos a Dios, más valientes y fuertes seremos. Podemos hacerlo todo en amor porque Dios es amor, y los que siguen a Dios andarán en amor.

¿Por qué el amor es más importante que cualquier otro mandamiento o cualquier otro don espiritual?

Breve y fugaz

SEÑOR, recuérdame lo breve que será
mi tiempo sobre la tierra.
Recuérdame que mis días están contados,
¡y cuán fugaz es mi vida!
SALMOS 39:4, NTV

Puede ser un serio recordatorio que nuestro tiempo en la tierra terminará, y a medida que pasan los años es más fácil sentir que nuestro tiempo aquí realmente es breve. Pero esto no es el final; es solo una parte de la vida que Dios tiene preparada para ti.

No te desanimes por lo fugaz que es la vida; está aquí para que la disfrutes y la vivas lo más que puedas. Tan solo recuerda que hay más gozo que llega en la eternidad. Aborda tu día con el conocimiento de que, cuando termine la vida, comienza una nueva y más gozosa. Obtén una perspectiva fresca para los días venideros. No te preocupes demasiado de las cosas pequeñas.

¿Puedes pedirle a Dios que te dé la capacidad de dar
un paso atrás y saber que la vida es demasiado corta como
para llenarte de ansiedad?

Miedo

Si tienes miedo de la gente,
tú mismo te tiendes una trampa;
pero si confías en Dios estarás fuera de peligro.
PROVERBIOS 29:25, TLA

Si vives en los Estados Unidos, es imposible no ver la fecha de hoy y recordar, ya sea por la experiencia propia o por escucharlo durante estos años: uno de los días más oscuros de nuestra historia. Miles de vidas se perdieron en un ataque terrorista bien planificado, y de muchas maneras, las cosas nunca volvieron a ser iguales. Por ejemplo, los viajes aéreos continúan evocando un espíritu de miedo en muchos corazones que previamente no imaginaban.

Solo en la Nueva Traducción Viviente, la palabra *temor* aparece alrededor de seiscientas veces. Principalmente, está ahí para recordarnos que temamos a Dios; al hacerlo, Él abatirá todos los demás temores. El temor que Dios desea de nosotras no tiene que ver con la desconfianza, sino con el respeto y el asombro. Si creemos completamente en su poder soberano, si le damos toda nuestra reverencia, ¿cómo podemos tener miedo de ninguna otra cosa? Si Dios es con nosotros, verdaderamente no hay nada de qué tener miedo. ¡Aleluya!

¿Qué te da miedo? Ponlo a los pies del Señor hoy, y pon tu confianza en Él. Sabe que, al margen de cuáles sean tus circunstancias, tu seguridad en Él está garantizada.

Edifica

Así que, sigamos lo que contribuye a la paz
y a la mutua edificación.

ROMANOS 14:19, RVR1960

Trabajar duro para que otra persona tenga éxito no es algo que nos surja de forma natural. Nuestra naturaleza egoísta y la agenda del mundo nos seducen para enfocarnos en nuestros propios logros; y, sin embargo, las leyes del reino de Dios a menudo son paradójicas con respecto a las tendencias humanas.

Dios nos llama a trabajar duro para que otros sean edificados. Debemos hacer todo lo posible por intentar vivir en paz, y debemos dedicar nuestros esfuerzos a asegurarnos de que otros sean edificados. Esto no es vivir egocéntricamente; exige un enfoque cristocéntrico. Requiere humildad y una perspectiva eterna.

¿Hay alguien a quien puedas edificar?

Pistas de la creación

Porque desde la creación del mundo las cualidades invisibles de Dios,
es decir, su eterno poder y su naturaleza divina, se perciben claramente
a través de lo que él creó, de modo que nadie tiene excusa.

ROMANOS 1:20, NVI

No necesitamos mucho para maravillarnos de la creación. Mirando al cielo de noche, sentándonos en la costa, dando un paseo por un bosque o viendo florecer un capullo, nuestros encuentros con la naturaleza son muchos. Pero a menudo no nos tomamos el tiempo para observar verdaderamente lo increíble que es la creación.

Dios escogió revelarse a nosotros de una manera profunda. Él sabía que apreciaríamos la belleza de la naturaleza que nos rodea. Sus cualidades invisibles están representadas mediante algo visible. Y lo describimos como hermoso, asombroso y perfecto. Así es Dios.

¿Puedes echar una mirada a tu alrededor y ver hoy la creación de Dios y pensar en la cualidad de Dios que está representada ahí? Concédete tiempo para meditar en la divinidad y el poder eterno de Dios, y dale gracias por compartirlo contigo de una forma tan real.

Muchas maravillas

Muchas son, Señor mi Dios, las maravillas que tú has hecho.
No es posible enumerar tus bondades en favor nuestro.
Si quisiera anunciarlas y proclamarlas, serían más
de lo que puedo contar.
SALMOS 40:5, NVI

*E*s bueno darle a Dios la gloria por todas las cosas que nos parecen demasiado maravillosas como para expresarlas. Sabemos por la Biblia que Dios ha actuado poderosamente en muchas ocasiones para preservar a su pueblo escogido. Sabemos que Jesús hizo milagros espectaculares. El Espíritu Santo se movió poderosamente sobre la iglesia primitiva y aún nos muestra hoy su poder.

Recuerda hoy las muchas maravillas que Dios ha hecho en tu vida y en las vidas de otros que te rodean. Dale gracias por el interés que te ha mostrado y por la constante revelación de su bondad y su amor.

¿Cómo puedes usar la fuerza que has encontrado
en Dios para superar cada día?

Salvados por gracia

> Pero Dios es tan rico en misericordia y nos amó tanto que,
> a pesar de que estábamos muertos por causa de nuestros pecados,
> nos dio vida cuando levantó a Cristo de los muertos.
> (¡Es solo por la gracia de Dios que ustedes han sido salvados!)
>
> EFESIOS 2:4-5, NTV

*E*s importante distinguir que la diferencia entre los cristianos y las personas que no son salvas solo existe por lo que Dios ha hecho. Cuando estábamos espiritualmente muertas debido a nuestros pecados, fue Dios quien cedió su vida y nos cubrió con su gracia y misericordia. La salvación no es por nuestros méritos; decidimos aceptarla.

Que este conocimiento vaya contigo al interaccionar con otras personas que se aferran a sus caminos pecaminosos. Tu libertad no la lograste por tu fortaleza; necesitabas un Salvador. Extiende gracia en lugar de juicio. Muestra amor cuando otros actúen desconsideradamente. Nunca olvides los lugares desamparados de los que vienes.

¿Cómo puedes tratar a otros con gracia hoy?

Comprometidas con la integridad

Felices son los íntegros, los que siguen
las enseñanzas del SEÑOR.
Felices son los que obedecen sus leyes
y lo buscan con todo el corazón.

SALMOS 119:1-2, NTV

Puede parecer que seguir un estilo de vida contrario a las instrucciones de Dios aportará gozo y satisfacción, pero no será así. Nuestro corazón fue creado para desear a Dios. Aunque sea la opción más difícil y con menos gratificación inmediata, seguir a Dios nos da una verdadera realización. Abrazamos nuestro propósito cuando decidimos seguir a Dios en lugar de seguir nuestros propios caprichos y ambiciones.

Las personas de integridad son conocidas por ser honestas, confiables y con dominio propio. No les llevan de un lado para otro las presiones culturales; están comprometidas con las instrucciones de Dios que les dan un marco para seguir. Las leyes del Señor les dan gozo porque anhelan servirlo con todo su corazón.

¿Qué valores bíblicos te cuesta defender?

No eres una isla

Y la paz de Dios gobierne en vuestros corazones,
a la que asimismo fuisteis llamados en un solo cuerpo;
y sed agradecidos.

COLOSENSES 3:15, RVR1960

Parece ser que justo la persona indicada se acerca y altera nuestro punto de vista para bien. Los susurros de una amiga para aliviar nuestro corazón, la inspiración de un mensaje, el ánimo de un compañero de equipo: todo esto son ladrillos de unidad y oportunidades para crecer y compartir la paz.

En el Salmo 133, David se goza en lo bueno que es experimentar la unidad dentro de la iglesia. El pueblo de Israel se consideraba una familia, así que su unidad estaba más pronunciada. Pero no te equivoques: hemos sido injertadas en la fe eterna y disfrutamos la adopción de esa familia como creyentes. ¿Cuál es el tamaño de nuestra paz cuando avanzamos, como llamadas, a la unidad de Cristo con Dios?

¿Te ha ayudado alguien a cambiar tu perspectiva recientemente? ¿Puedes abrirte para recibir eso más a menudo?

Pensamientos innumerables

Qué preciosos son tus pensamientos acerca de mí, oh Dios.
¡No se pueden enumerar! Ni siquiera puedo contarlos; ¡suman más que los
granos de la arena! Y cuando despierto, ¡todavía estás conmigo!

SALMOS 139:17-18, NTV

Es la hora de ir a la cama y estás lista. Esos millones de
pensamientos dando vueltas incontrolablemente todo el día
empiezan a circular un poco más lento. El mañana puede esperar.
Tu agujerito de consciencia se cierra como el objetivo de una
cámara. Te hundes en un feliz olvido. Pero el despertar es algo
distinto. La manera en que nos dormimos no nos garantiza cómo
nos despertamos. A veces nuestro amanecer llega mucho ante de la
hora que debiera. El sueño no regresa y la noche no ha producido
su esperado descanso. La mente se ha subido a la rueda de las
interminables tareas como si se tratara de un roedor. El cansancio
se presenta antes de que comience el día.

El Salmo 139 del rey David es uno de los salmos preferidos.
Declara a un Dios que siempre está presente, un recordatorio
perfecto antes de acostarnos de su soberanía sobre los eventos,
una calmada seguridad para terminar cada día, y una importante
verdad matutina. David habla con total seguridad. Sus palabras
afianzan a sus lectores, proclamando que Dios nunca nos dejará.
Sus pensamientos acerca de nosotros superan a los granos de arena.
Su cerco íntimo nos envuelve como un cálido abrazo.

¿Cómo te demuestra Dios que cuida de ti?

Crucificado por ti

Mas yo soy gusano, y no hombre;
oprobio de los hombres,
y despreciado del pueblo.
SALMOS 22:6, RVR1960

*E*s difícil imaginar que después de todos los milagros y la enseñanza de Jesús, la gente aún quisiera crucificarlo. Él no vino con violencia ni arrogancia, y a la vez fue menospreciado por muchos.

A pesar de todo el rechazo, Jesús fue victorioso. Anímate si estás sufriendo desafíos hoy sabiendo que, aunque la gente te rechace sin razón alguna, puedes ser victoriosa. Ve con la cabeza bien alta y orgullosa de quién eres en Cristo. Dale gracias porque Él entiende el rechazo. Él puede ayudarte en tus puntos bajos durante el día para que seas valiente sabiendo que tu confianza viene de Él y de nadie más.

¿Cómo puedes ser victoriosa a pesar de cualquier rechazo
que puedas estar experimentando?

Pérdida de control

Mi carne y mi corazón desfallecen; mas la roca
de mi corazón y mi porción es Dios para siempre.
SALMOS 73:26, RVR1960

El último número que vio que rebosaba la aguja en el cuentakilómetros: 180. En un cegador instante, las ruedas chirriaron, el cristal se rompió, la presión subió, el dolor aumentó. Lo único que ella podía oír era el atronador silencio. Y lo único que sabía con certeza era que había perdido el control.

¿Alguna vez has estado en un momento en el que sentiste que habías perdido por completo el control? ¿Un accidente de tráfico, un diagnóstico, o algún otro momento escalofriante? Hay ocasiones en nuestra vida cuando nuestra carne nos falla. Reconocemos en un segundo que ya no estamos en control de nuestro propio resultado, y nos aterra. En ese momento, cuando perdemos el control y el temor vence, hay una cosa que podemos saber con certeza. Él es nuestra fortaleza; Dios nunca pierde el control. Cuando tu vida, y el resultado de ella, se escapa de tus manos, sigue descansando firmemente en las suyas. Él es nuestra porción. Él es nuestra ración. Él es suficiente.

¿Cómo puedes ceder hoy tu control al único
que nunca perderá el control?

Tesoro en ollas de barro

Pero esta riqueza la tenemos en nuestro cuerpo,
que es como una olla de barro, para mostrar que ese poder
tan grande viene de Dios y no de nosotros.

2 CORINTIOS 4:7, DHH

Las ollas de barro son delicadas. Están hechas de la tierra que pisan nuestros pies y se moldean con agua. El barro no es un material extravagante ni costoso. Es opaco y le falta brillo. Las ollas de barro se rompen y desmoronan fácilmente bajo la presión de una mano fuerte. Son vulnerables a los elementos como el calor y la lluvia.

Nosotras somos ollas de barro. A veces nos embarcamos en situaciones sintiéndonos ineptas, incapaces y débiles. La verdad es que, sin el poder de Dios en nuestra vida, somos frágiles, nos rompemos fácilmente y nos derrumbamos. Pero, aun así, Dios nos elige. Él nos escoge en nuestra debilidad, en nuestra fragilidad y con nuestros defectos. Él nos escoge a pesar de nuestras flaquezas e imperfecciones. Somos más que tierra y polvo, más que barro modelado cuando tenemos a Dios en nuestra vida. No importa lo que venga para fracturarnos; Él hace que seamos irrompibles. Nos mantenemos intactas y Él recibe la gloria.

¿Sabes lo fuerte y valioso que es el tesoro
de Jesucristo dentro de ti?

Un buen Señor

> Mas alábese en esto el que se hubiere de alabar:
> en entenderme y conocerme, que yo soy Jehová,
> que hago misericordia, juicio y justicia en la tierra;
> porque estas cosas quiero, dice Jehová.
>
> JEREMÍAS 9:24, RVR1960

Jesús es el Señor. Él vino para llevar nuestras enfermedades. Él sabe lo que necesitamos, y sabe lo que queremos hacer con nuestra vida incluso mejor que nosotras mismas. ¿Por qué? Porque Él ha plantado deseos saludables en nuestro corazón.

Jesús también es bueno. Él quiere que sepamos eso; quiere que acudamos a Él. No deberíamos dudar en aprender de Él, habitar en Él y llegar a ser una con sus intenciones. Sus intenciones son siempre buenas. Él es un maestro bueno, justo e imparcial. Nadie tiene de qué alardear salvo de saber que debería acercarse a Él y aprender de Él. Es bueno saber esto y compartirlo con otros. Cuando lo hagas, otras personas también lo conocerán.

¿Sabes que tu invitación a servir a Dios está tan abierta como tu invitación a recibirlo y gozarte en Él?

Una voluntad superior

No puedo yo hacer nada por mí mismo; según oigo, así juzgo;
y mi juicio es justo, porque no busco mi voluntad,
sino la voluntad del que me envió, la del Padre.

JUAN 5:30, RVR1960

Jesús era divino, y a la vez en su humanidad, reconoció su profunda dependencia de su Padre celestial para que guiara cada uno de sus pasos. Jesús hacía lo que el Padre quería que hiciera, y como estuvo muy seguro de cuál era la voluntad de Dios, pudo llevar a cabo con confianza su propósito en la tierra. Nosotros no somos Jesús, ¡pero somos como Jesús! Cuando regresó al Padre, Jesús prometió dejarnos un ayudador que nos guiaría del mismo modo que Él fue guiado por el Padre.

Tenemos al Espíritu Santo en nuestro interior, y nosotras también podemos estar seguras de que Dios puede lograr su propósito en nosotras y a través de nosotras. Al enfrentar este día, o la semana que tienes por delante, proponte oír lo que Dios pudiera estar diciéndote. Deja que te muestre su voluntad en las conversaciones que tengas, en las decisiones que tomes, en el trabajo que hagas. ¡No tienes que hacerlo sola!

¿Respecto a qué cosa necesitas hoy buscar a Jesús?
Confía en el ayudador que Jesús te prometió.

Los propósitos de Dios

*Yo sé que tú puedes hacer todas las cosas,
y que ningún propósito tuyo puede ser estorbado.*
JOB 42:2, LBLA

Job conocía al Señor. Él era un siervo de Dios fiel e intachable que era recto a los ojos de sus amigos, su comunidad, e incluso de Dios mismo. Cuando cuestionó las intenciones del Señor, Dios reveló más sobre su carácter santo a través de un diálogo divino. Aunque Job era muy justo, no era nada comparado con la bondad de Dios, y él lo sabía.

La respuesta de Job a la revelación fue humilde y sumisa. Se le recordó a quién servía y que su dolor no estaba carente de propósito. Su declaración final fue que Dios podía hacer cualquier cosa, y que nada podía oponerse al propósito de Dios. Por muy terribles o intrusivos que nos puedan parecer hoy los planes de Dios, solo Él puede ver el cuadro completo. Podemos confiar en Él.

¿Cómo usó Dios el sufrimiento de Job para bien?

¿Hay alguien que escuche?

Escuchen mi instrucción y sean sabios;
no la pasen por alto.

PROVERBIOS 8:33, NTV

Carmen había trabajado sin descanso durante meses. Por la mañana. Por la tarde. Y por la noche. Con nuevos contratos pendientes para su empresa, había llevado su carga de trabajo habitual y había añadido incontables horas de trabajo para preparar sus reuniones con posibles clientes. También se había ofrecido como voluntaria para varias cosas en la iglesia y en la comunidad. Todas eran cosas buenas, pero no necesariamente cosas que Dios había escogido para que ella realizara.

Llegó el día en que su cuerpo dijo: "Suficiente. Ya no puedo más". Carmen no tuvo otra opción sino escuchar esta vez. La debilidad generalizada y el temblor en sus piernas le impedían hacer nada. El mareo y un palpitar extraño la asustaron. Había llegado al punto del agotamiento y había consecuencias que pagar. Durante las siguientes semanas, Carmen hizo algunos descubrimientos importantes: cuando Dios da un toquecito a nuestro cuerpo para que nos grite, es mejor escuchar. Una mujer que escucha la instrucción de Dios y no la ignora es verdaderamente sabia.

¿Cuándo fue la última vez que llevaste a tu cuerpo más allá de su límite? ¿Cómo te afectó eso físicamente, espiritualmente y emocionalmente?

Nadie es perfecto

Porque cualquiera que guardare toda la ley,
pero ofendiere en un punto, se hace culpable de todos.
SANTIAGO 2:10, RVR1960

Digamos que tienes una hija adolescente, y la dejas sola en casa. Confías en ella, pero a fin de evitar malentendidos, le dejas una lista de cosas que no puede hacer: ni fiestas ni chicos en casa ni cocinar con fuego, ni anunciar por las redes sociales que está sola en casa. Digamos que ella invita a su novio a casa. Aunque siguió la mayoría de tus instrucciones, aun así, rompió las reglas. Ahora vienen las consecuencias.

La ley de Dios no es distinta, y por eso necesitamos a Jesús. ¿Incumplimos un mandamiento? Hemos roto las reglas. Ahora vienen las consecuencias. O… admitamos lo que Él ya sabe. No somos perfectas. Aunque quizá nunca hayamos matado, ni robado ni comido lo incorrecto en el día incorrecto, la verdad es que somos codiciosas, buscamos la salida fácil, chismeamos. Gracias a su gracia podemos escoger: seguir las reglas o aceptar su perdón por adelantado.

¿Qué escoges: tu habilidad para cumplir todos
y cada uno de los mandamientos o la gracia de Dios?
Pasa algo de tiempo dándole gracias por su increíble
e inmerecido regalo de la gracia.

Sonidos de risas

De los labios nos brotaban risas y cánticos alegres.
Hasta decían las demás naciones: «Realmente es maravilloso
lo que Dios ha hecho por ellos».
SALMOS 126:2, TLA

La risa es uno de los mejores sonidos del mundo. Un matrimonio de ancianos bailando. Un niño al que le hacen cosquillas Una pareja de mejores amigos compartiendo un chiste. Cuando oyes la risa, no puedes evitar poner una sonrisa tú misma.

Imagínate lo que Dios debe sentir cuando oye reír a sus hijos, cantar, alabarlo juntos. Imagínate cómo le debe sonar la felicidad. Imagínate una habitación llena de creyentes cantando en armonía para mostrar su amor por Él. ¡Qué sonido tan bonito y gozoso debe ser!

¿Cómo te sentirías si comenzaras tu día riéndote con Dios?

No tengas envidia

No te inquietes a causa de los malvados
ni tengas envidia de los que hacen lo malo.
SALMOS 37:1, NTV

La vida no es justa, y ciertamente hay muchas personas en las que podrías pensar a quienes les va mejor que a ti en términos de su relativo éxito. La Biblia intenta enseñarnos sobre el verdadero significado del éxito. No es riqueza, fama o estatus lo que te dará un verdadero gozo.

Es fácil tener envidia de los que tienen esas cosas. Cuando ves a otros avanzar aparentemente en la vida, comienzas a temer dónde estás tú. No caigas en la trampa de compararte con otros; en su lugar, dale gracias a Dios por las cosas buenas que ya te ha provisto.

¿Cómo puedes convertir tus quejas en agradecimiento?
Aunque parezca que a otros les va mejor que a ti, intenta ver
que preocuparte no te dará vida. En vez de eso, mantente
agradecida por todo lo que tienes.

El espíritu está dispuesto

Y yo sé que en mí, esto es, en mi carne, no mora el bien;
porque el querer el bien está en mí, pero no el hacerlo.

ROMANOS 7:18, RVR1960

Señor, sé qué es lo correcto que debo hacer, pero no tengo la fuerza para hacerlo. Es probable que este pensamiento haya estado en nuestra mente más veces de las que queremos admitir. No nos gusta reconocer que a veces no somos capaces de tomar la decisión correcta.

Pablo entendió el conflicto interno que vivimos a la hora de hacer lo correcto. Como nuevas criaturas en Cristo, tenemos en nosotras el deseo de hacer el bien; sin embargo, como parte de un mundo caído, somos inherentemente egoístas. ¿En qué dirección nos posicionamos? Podemos quedarnos en nuestro deseo de hacer lo correcto o en nuestro deseo de agradarnos. Mientras más dirijamos nuestra mente en la dirección correcta, más fácil resultará.

Por encima de todo, recuerda que es en el poder habilitador de Cristo en lo que debes confiar para seguir tomando las decisiones correctas; es mediante su gracia como puedes vencer. ¿Sabes qué es lo correcto que debes hacer?

La mayor obra teatral

¡Vengan y vean las proezas de Dios,
sus obras portentosas en nuestro favor!
SALMOS 66:5, NVI

Muchas veces en los Salmos, la inspiración del autor viene al mirar atrás a las historias de antaño, recordando con gozo cómo su pueblo fue capaz de superar dificultades y ser liberados a un lugar de libertad. Es el Señor quien ha sostenido y dirigido esas historias. El autor le atribuye el crédito al Señor, y llama a la gente a acudir y dar testimonio de lo que Él ha hecho.

¿Tienes historias en tu familia sobre la bondad de Dios? Quizá estás en medio de crear tu propia historia que se contará durante generaciones venideras. Anímate en tus dificultades. ¡Dios sacará algo bueno de todo esto!

¿Tienes miedo de pasar por tiempos difíciles?
¿Te resistes a ser probada? Piensa en las historias del pueblo
de Dios al pasar por dificultades y cómo finalmente pudo decir
que Dios había hecho cosas maravillosas por ellos.

Octubre

En el arrepentimiento y la calma está su salvación,
en la serenidad y la confianza está su fuerza.

ISAÍAS 30:15, NVI

Fuerte y valiente

¡Así que sé fuerte y valiente! No tengas miedo ni sientas
pánico frente a ellos, porque el SEÑOR tu Dios, él mismo
irá delante de ti. No te fallará ni te abandonará.

DEUTERONOMIO 31:6, NTV

Moisés transmitió el liderazgo de Israel a Josué en presencia de
todo el pueblo. Les ordenó a todos que fueran fuertes y valientes.
Si Dios estaba de su lado, ellos no podían ser derrotados. La victoria
sería del Señor, y toda la fuerza era de Él.

Cuando nos vemos confrontadas por problemas que son demasiado
inmensos para poder manejarlos, necesitamos preguntarnos si
luchar es lo el Señor quiere que hagamos. Si lo es, entonces Él irá
delante de nosotras y abrirá un camino. No hay ninguna necesidad
de sentir temor o pánico cuando estamos siguiendo a Dios. Él nunca
nos abandonará, y sus planes nunca fallarán.

¿Has confrontado alguna vez un obstáculo aparentemente
demasiado difícil para poder vencerlo, y aun así lo
conquistaste por la gracia de Dios?

Ninguna condenación

Entonces Jesús se incorporó de nuevo y le dijo a la mujer:
—¿Dónde están los que te acusaban? ¿Ni uno de ellos te condenó?
—Ni uno, Señor—dijo ella.
—Yo tampoco —le dijo Jesús—. Vete y no peques más.
JUAN 8:10-11, NTV

La mayoría de nosotras conocemos la historia de la mujer agarrada en adulterio. Uno de los momentos intrigantes fue cuando Jesús fue cuestionado con respecto a si la mujer debía ser apedreada o no. Su respuesta es inclinarse y comenzar a escribir en el polvo. La acción de Jesús de inclinarse hacia el polvo define literalmente una interpretación de la palabra *gracia*.

Mientras todos ellos emitían juicio, Jesús se apartó de los acusadores, inclinándose hacia abajo y ocupándose en otra cosa. Eso dijo mucho sobre su falta de participación en el juicio de la multitud. Debido a la distracción de Jesús, los ojos de los espectadores fueron apartados de la mujer, quizá levantando una parte de su vergüenza. Con su atención enfocada en Jesús, Él dijo las palabras que salvaron la vida a la mujer: "pero el que nunca haya pecado que tire la primera piedra". Uno a uno, sus acusadores se alejaron.

¿Puedes ver que Jesús es el único calificado para condenarte,
y Él decidió en cambio condenarse a sí mismo? Eres libre y
limpia debido a la gracia de Jesucristo.

Quien mueve montañas

¿Qué, pues, diremos esto? Si Dios es por nosotros,
¿quién contra nosotros?

ROMANOS 8:31, RVR1960

Las montañas en la creación inspiran asombro, son hermosas y majestuosas. Las montañas en nuestras vidas son una historia diferente. A menudo comparamos nuestros problemas con montañas debido a su naturaleza grandiosa, su tamaño, e incluso el modo traicionero y engañoso en que nos cuesta cruzarlas. La fe nos permite ver que Dios es mucho más grande que nuestras montañas. Nos quedamos paralizadas en incredulidad; pero la fe nos enfoca hacia una escena que nos muestra que, aunque podría haber cadenas de montañas en nuestro futuro, Dios es más expansivo que incluso la atmósfera que las rodea.

Nuestro enfoque tiene que estar en cuán grande es Dios. Una falta de fe tiene una horrible tendencia a dejarnos inmóviles, de modo que somos incapaces de ver otra cosa sino la negatividad. Quienes caminan en fe son personas que admiten que quizá no saben cómo serán movidas las montañas, pero que Dios proveerá a pesar de todo. Él es quien mueve montañas. Ora para que aumente la fe para ver cuán grande es Dios.

¿Qué montañas estás enfrentando ahora? ¿Puedes creer que Dios puede mover la montaña o ayudarte a subirla?

Dormir no es suficiente

*Cada vez él me dijo: mi gracia es todo lo que necesitas; mi poder
actúa mejor en la debilidad. Así que ahora me alegra jactarme de mis
debilidades, para que el poder de Cristo pueda actuar a través de mí.*

2 CORINTIOS 12:9, NTV

A pesar de lo mucho que Linda descansa o duerme, nunca es
suficiente. Con mejillas sonrosadas y una brillante sonrisa, se ve tan
saludable como se pueda estar, pero a veces el aspecto puede ser
engañoso. Linda tiene varios problemas de salud crónicos. Ninguna
de esas cosas es visible a simple vista, pero para ella son obvias
diariamente. Mientras que muchas personas duermen durante seis u
ocho horas y se despiertan a la mañana siguiente renovadas y llenas
de energía, Linda a menudo se despierta sintiéndose como si ni
siquiera hubiera estado en la cama.

Ese tipo de fatiga y dolor puede conducir a la depresión y
desesperación, pero una nunca lo diría de Linda. Su dulce espíritu y
su sonrisa tocan a todo aquel que la conoce. Ella ha aprendido que
la gracia de Dios es suficiente para los días difíciles. Sus tiempos de
prueba se han convertido en su testimonio. Linda dice que incluso
cuando ella misma no entiende por qué tiene que lidiar con la fatiga y
el dolor cada día, puede confiar en Aquel que sabe lo que es mejor.

¿Cómo puedes descansar en Dios durante los días difíciles?

Libra mi alma

Sácame de la prisión, para que alabe yo tu nombre.
Los justos se reunirán en torno mío por la bondad
que me has mostrado.

SALMOS 142:7, NVI

A nadie le gusta la idea de estar atascado en algo de lo que no puede salir. No hay que estar en la prisión o atrapada en un elevador para saber cómo es la sensación de no estar en control de tu libertad. En estos tiempos, probablemente nos sentimos un poco más como si estuviéramos atrapadas en un empleo o una enfermedad mental, o tal vez incluso estamos atrapadas por nuestro propio pecado.

La verdad es que Jesús vino para hacerte libre. Él no quiere que estés en una prisión de ninguna clase. Cuando pidas una victoria, espera la libertad y después prepárate para alentar a otros creyentes con lo que Él ha hecho por ti.

¿Has pedido a Jesús que te libre de tu prisión últimamente?

Corazones firmes

No temerá recibir malas noticias;
su corazón está firme, confiado en el Señor.
SALMOS 112:7, LBLA

A ninguna de nosotras nos gusta recibir malas noticias, pero no vivimos con temor a eso como aquellos cuya seguridad es inestable. Nuestra esperanza está arraigada en nuestro Señor firme, y nuestra confianza viene de conocerlo a Él. No podemos asegurar nuestro propio futuro ni tampoco los resultados de ciertas circunstancias. Al final, sabemos que la última conclusión de todas las cosas es nuestra victoria por medio de Cristo.

Dios conoce el futuro y tiene establecido un plan perfecto. Él no queda sorprendido por los desengaños repentinos; Él nos ha estado preparando para manejarlos. Por esa razón, no vivimos con temor sino en libertad. Nuestro corazón está firme porque confiamos en Dios, y Él nos ha dado su paz.

*¿Se siente tu corazón firme o ansioso, pensando
en lo que no puedes predecir o controlar?*

Alégrense siempre

Alégrense siempre en el Señor.
Insisto: ¡Alégrense!
FILIPENSES 4:4, NVI

¡Ah, ser siempre optimista! Este versículo parece que pertenece a quienes son capaces de mantenerse positivos en medio de las peores crisis. Para el resto de nosotras, sin embargo, puede parecer que somos capaces de fallar diariamente en este mandato de alegrarnos siempre. La vida sencillamente no es tan bonita todo el tiempo. Tal vez no te gusta tu empleo, quizá estás en un periodo difícil en tu relación, o tal vez te molesta tu vecina o alguien en la escuela.

Existen situaciones interminables en un solo día que nos dejan sintiéndonos sin ganas de alegrarnos; por lo tanto, ¿qué hemos de hacer cuando las cosas parecen aburridas, frustrantes o deprimentes? ¡Alegrarnos en el Señor! Sí, aparta tu enfoque de ti misma y deja que tus ojos se dirijan hacia Jesús. Si comienzas a pensar en su bondad, su gracia y su misericordia, tu corazón de modo lento pero seguro encontrará su alegría y esperanza otra vez. ¡No desesperes, alégrate!

¿En qué puedes alegrarte en el Señor en este momento?

Sin esperar nada

¿Cómo le puedo pagar al SEÑOR
por todo el bien que me ha hecho?
SALMOS 116:12, PDT

Uno de los regalos que el Señor nos ha dado es el regalo de la gracia. Él no espera nada de nosotras cuando nos ha dado todo. Nosotras batallamos, como el escritor de este salmo, con cómo poder pagar a Dios el regalo del amor incondicional.

Dios no nos pide que le paguemos nada; Él desea nuestra devoción. Síguelo a Él. Búscalo. Él desea una relación contigo por encima de todo lo demás, y eso se puede lograr si le permites a Él entrar. Descubrirás que estar dedicada a Él es el mejor regalo que puedes hacerte a ti misma.

¿Cómo puedes caminar en sintonía
con Dios a medida que discurre tu día?

La mejor medicina

El corazón alegre es una buena medicina,
pero el espíritu quebrantado consume las fuerzas.
PROVERBIOS 17:22, NTV

Nuestras emociones tienen un impacto directo sobre nuestra salud mental, física y espiritual. Cuando escogemos encontrar alegría incluso en el dolor y el sufrimiento, eso tiene la capacidad de sanarnos. Cuando la alegría se infiltra en nuestros corazones, la carga del sufrimiento es aliviada. Nuestro dolor adopta una forma diferente y pierde la capacidad de tomar cada aspecto de nuestra vida. Podemos respirar más fácilmente, reír más a menudo, y descansar mejor.

La alegría está más cerca de nuestro alcance de lo que creemos. Puede encontrarse cuando meditamos en la bondad y la provisión de Dios en nuestras vidas. Puede encontrarse cuando tomamos el tiempo para contar nuestras bendiciones y cultivar una actitud de agradecimiento. Cuando acercamos nuestros brazos a quienes están cerca de nosotras sufriendo, podemos encontrar alegría en servir y amar a los demás profundamente. La alegría es contagiosa, y su poder sanador es interminable.

¿Está lleno tu corazón de una alegría abrumadora?
¿O la tristeza y la desgracia están aplastando tu espíritu
y haciéndote enfermar?

La extensión del amor de Dios

Por esta razón me arrodillo delante del Padre, de quien recibe nombre toda familia en el cielo y en la tierra. Le pido que, por medio del Espíritu y con el poder que procede de sus gloriosas riquezas, los fortalezca a ustedes en lo íntimo de su ser, para que por Cristo habite en sus corazones. Y pido que, arraigados y cimentados en amor, puedan comprender, junto con todos los santos, cuán ancho y largo, alto y profundo es el amor de Cristo; en fin, que conozcan ese amor que sobrepasa nuestro conocimiento, para que sean llenos de la plenitud de Dios.

EFESIOS 3:14-19, NVI

La carta de Pablo escrita a los efesios era una poderosa oración que surgía de su profundo deseo de ver a las personas vivir una vida que se lograba solamente por un compromiso total a Cristo. El creía que valía la pena la lucha que muchas veces conllevaba vivir de esa manera, porque la recompensa era grande.

Esta carta podría haber sido escrita a cada una de nosotras. Cuando sentimos que Cristo habita en nuestros corazones, podemos experimentar verdadero poder y verdadero amor.

¿Has experimentado cuán ancho, largo, alto y profundo es el amor de Dios por ti? Él quiere que lo sientas en su plenitud. ¡Ora por eso hoy!

Fuerza inesperada

Así que, ¡sean fuertes y valientes, ustedes los
que ponen su esperanza en el SEÑOR!
SALMOS 31:24, NTV

Nuestras vidas están llenas de circunstancias que nos hacen sentir débiles. Tenemos tendencia a las comparaciones, y a veces medimos nuestra fuerza comparándola con la de otros. Sentimos que somos menos hermosas, menos diestras, menos capaces. Pero la fuerza no es siempre lo que nuestras mentes humanas están condicionadas para creer que es.

Recuérdate a ti misma cuando Jesús cargaba con su propia cruz, el abuso verbal que recibió de la multitud, y el dolor que soportó de buena gana cuando lo levantaron para morir. La aceptación y el aguante del dolor con la falta de violencia y de pelea es todo ello una parte del modo en que Jesús mostró valentía y fuerza totalmente diferente al esperado. Sé valiente. Eres más fuerte de lo que crees.

¿Cuál es la diferencia entre el tipo de fuerza
que Dios da y la fuerza del mundo?

Libertad mediante la bondad

Dios es tan rico en gracia y bondad que compró nuestra libertad con la sangre de su Hijo y perdonó nuestros pecados.

EFESIOS 1:7, NTV

Qué precio tan tremendo pagó Cristo para cubrir el costo de nuestros pecados. Él es digno de nuestra adoración y nuestra lealtad, porque solamente por medio de Él podemos tener una vida nueva. Él nos hace libres del derecho que nuestro pecado tenía sobre nuestras vidas. Su bondad y su gracia son inmensurables, y su amor continúa guiándonos en cada paso que damos.

Mediante su sangre podemos vivir verdaderamente en libertad. Incluso cuando tropezamos, podemos volver a levantarnos y proseguir porque Él nos ha perdonado por completo. Su asombrosa gracia ha proporcionado una manera para que nos unamos a su familia y seamos sus hijas. Él pagó un gran precio por cada una de nosotras, y podemos aceptar su gracia con gratitud. Dale las gracias por ser tu Padre y redimirte.

¿Cómo estás usando la libertad que Cristo te ha otorgado?

Los caminos de los justos

Por lo tanto, sigue los pasos de los buenos y permanece
en los caminos de los justos. Pues solo los justos vivirán en la tierra
y los íntegros permanecerán en ella.

PROVERBIOS 2:20-21, NTV

Cualquiera que corre regularmente sabe que es bueno mantenerse
en un camino bien iluminado. Si estás corriendo en la noche y decides
tomar un camino diferente y desconocido por una carretera oscura,
es más que probable que no te vaya muy bien. La sabiduría dice que
permanezcamos en los caminos bien iluminados y agradables de los
justos. Dios ha preparado este camino para nosotras. Él conoce cada
giro y cada curva que hay a lo largo del camino. Ese camino se vuelve
familiar mediante la lectura de su Palabra y pidiéndole su guía. Él
también nos ha dado el regalo de otras personas que han recorrido
estos caminos de los justos antes que nosotras.

¿A quién imitas? ¿Es a la última *influencer*, estrella de cine o tus
amigas que no son cristianas? Busca el regalo de otros creyentes que
siguen apasionadamente a Cristo e imítalos. Ellos han recorrido ya
estos caminos y serías sabia en seguirlos.

¿A quién imitas más? ¿Son buenos ejemplos?

El hogar celestial

Sí, estamos plenamente confiados, y preferiríamos estar fuera de este cuerpo terrenal porque entonces estaríamos en el hogar celestial con el Señor. Así que, ya sea que estemos aquí en este cuerpo o ausentes de este cuerpo, nuestro objetivo es agradarlo a él.

2 CORINTIOS 5:8-9, NTV

Pablo sabía que su hogar estaba con Jesús en la eternidad. No tenía pensamientos suicidas ni buscaba la muerte; de hecho, pensaba precisamente lo contrario. Él sabía que su hogar eterno estaba asegurado, y eso le daba valentía y el deseo de agradar al Señor en su vida terrenal.

El punto que establece Pablo era que su hogar verdadero y duradero no era el presente, y que estaba preparado para ser llevado al hogar con Cristo cuando Dios decidiera que era el momento. Ya fuera en el cielo en la tierra, el propósito de su vida era ser agradable a Dios.

¿Te dará confianza en esta vida el entender cuánto más glorioso será tu cuerpo resucitado?

Tan solo descansa

Jehová dará poder a su pueblo;
Jehová bendecirá a su pueblo con paz.
SALMOS 29:11, RVR1960

Imagina un periodo en tu vida en el que estabas inmersa hasta la coronilla en el ajetreo, sumida en la tristeza, o extremadamente cansada. Imagina ese periodo y el modo en que te veías, actuabas, reaccionabas y sobrevivías. Ahora imagina a Jesús. Mira su rostro, siente su calidez, imagina su sonrisa. Imagínate a ti misma en ese mismo periodo agotador, sentada en un sillón en tu casa, deseando pasar tiempo con Dios; sin embargo, te sientes tan agotada en extremo que no puedes encontrar las fuerzas para hacerlo. Así que te sientas.

Entonces Jesús llega caminando hacia ti. Lo invitas a que se acerque más, pero estás preparada con las excusas y razones por las que has estado ausente. Él camina hacia ti y extiende su mano. Cuando te alcanza, su mano comienza a moverse hacia tu cabeza. Suavemente, y muy amorosamente, Él empuja tu cabeza recostándola en el sillón, y susurra: "Descansa, hija, tan solo descansa".

¿Has encontrado un momento con Jesús en el que entendiste más plenamente que Él llega hasta lo profundo de tu ser? Él conoce tu corazón. Él sabe cuándo tu alma necesita descansar. Permite que acaricie tu cabello y te cante una canción de cuna.

Polvo

Porque él conoce nuestra condición;
se acuerda de que somos polvo.
SALMOS 103:14, RVR1960

Alaba a Dios porque Él, quien requiere cosas de nosotras, es también nuestro Creador. Eso significa que Él conoce precisamente de lo que somos capaces y lo que no podemos hacer. Él nunca nos pedirá algo que no podamos hacer. Porque, como nuestro diseñador, Él tiene un conocimiento íntimo de lo más profundo de nuestro ser.

No tenemos por qué tener miedo de que nuestro cuerpo exterior se vaya desgastando. No tenemos que avergonzarnos por no ser físicamente tan fuertes como éramos antes. Eso no es nada de lo que avergonzarse. Es por diseño. ¿Te sientes frágil en este día? No tengas temor; no se te pidió que tuvieras súper poderes. Con Dios como el proveedor de tu fuerza, serás capaz de lograr todo lo que Él te pida.

¿Hay algún modo en que puedas aceptar
tu debilidad en lugar de resistirla?

Amistades pacíficas

Por lo tanto, esforcémonos por promover
todo lo que conduzca a la paz y la mutua edificación.
ROMANOS 14:19, NVI

Las relaciones suponen un trabajo duro y algunas veces muy complicado. Toma tiempo y esfuerzo mantenerlas fuertes y saludables. En las relaciones difíciles, nos preguntamos si vale la pena el esfuerzo, especialmente si el conflicto radica en diferencias de opinión y un choque de personalidades. Nuestras relaciones mutuas son una prioridad para Dios. Él se interesa profundamente por el modo en que nos amamos e interactuamos los unos con los otros, y le entristece ver peleas y heridas entre nosotros. Lo que es importante para Él debería ser también importante para nosotras.

Mantener la paz puede ser difícil. Necesitamos llegar a lo más profundo para encontrar perdón y gracia. Dios entiende y sabe cuán complejas y difíciles son las relaciones, pero nos pide que trabajemos en ellas de todos modos. Lo tenemos a Él para mirarlo como ejemplo. Nuestras palabras son poderosas; pueden utilizarse como una herramienta para la paz y la edificación o como un arma para derribar o causar agitación y dolor. Si estamos dispuestas a usar nuestras palabras para edificarnos mutuamente, y nos enfocamos en infundir amor y valor, estamos glorificando a Dios y agradándolo.

*¿Hay alguien en tu vida hoy a quien podrías
mostrar amor, perdón y paz?*

Hechura de Dios

Porque somos hechura de Dios, creados en Cristo Jesús
para buenas obras, las cuales Dios dispuso de antemano
a fin de que las pongamos en práctica.
EFESIOS 2:10, NVI

La salvación no se nos da debido nuestras buenas obras, sino que por medio de ella podemos hacer buenas obras. Dios nos llama hechura suya o su obra de arte. Él nos diseñó con todo cuidado e intencionalidad con un plan en mente para cada una de nosotras. Las buenas obras son el resultado de la salvación, y no al contrario.

Dios ha establecido un plan y un propósito para cada una de nosotras. No hay necesidad de intentar copiar el llamado de otra persona, porque Dios tiene algo más adecuado en mente. Solamente necesitamos confiar en Él y seguir su dirección, y todo será revelado en su momento.

¿Reconoces que eres hechura de Dios, creada de forma maestra
con el propósito de darle alabanza a Él?
¿Cómo fuiste creada de modo único?

Un arma fuerte

Una persona sin control es como una ciudad
con las murallas destruidas.

PROVERBIOS 25:28, NTV

El autocontrol es un arma poderosa. Evita que nos metamos en el peligro, que quedemos enredadas en el pecado. Nos ayuda a tomar decisiones sabias; nos permite pausar y esperar en el Señor. Es una herramienta que Dios nos ha dado misericordiosamente, de modo que podamos ser fuertes y estar protegidas en situaciones difíciles. Sin autocontrol, abrimos nuestros corazones y nuestras mentes a la destrucción y el caos. Tropezaremos y caeremos repetidas veces. Nos volvemos esclavas de nuestros deseos carnales. Se nos arrebata todo lo que nos hace mantenernos fuertes y protegidas.

No tenemos que ser esclavas de nuestros impulsos y estar encadenadas a tentaciones y caprichos. No tenemos que permitir que nuestras emociones y deseos nos controlen. Se nos ha dado un poder completo y un control completo. Somos victoriosas contra nuestros impulsos. Cuando buscamos el autocontrol en nuestras vidas, somos empoderadas para vivir una vida justa y santa para Dios. Es esencial para vivir una vida de libertad en Él.

¿Te sientes atrapada por tus impulsos y emociones?
No te desalientes ni te abrumes, pues se te han otorgado
misericordiosamente herramientas y el poder para vencer.

Manos limpias

Los justos siguen avanzando, y los de manos limpias
se vuelven cada vez más fuertes.

JOB 17:9, NTV

El pecado se disfraza de libertad, pero es una carga. El pecado es una atadura que puede derribar a las más fuertes de entre nosotras. El Señor es más fuerte, sin embargo, Él nos enseña cómo vencer el pecado. Su Palabra es una guía, y Él nos llena de poder para soportar. Aunque el deseo de hacer lo malo se siente abrumador a veces, el poder para hacer lo bueno ha sido puesto en nosotras; simplemente necesitamos aprender a utilizarlo.

Cuando enfrentamos una oportunidad de pecar, y ejercitamos el poder de escoger en cambio hacer lo bueno, somos más fuertes. Cada estratagema pecaminosa que derribamos aumenta nuestra competencia y nuestra confianza. A medida que aprendemos a responder en el poder de Dios, y habitualmente decimos no al pecado, nuestra fuerza aumenta y se vuelve más fácil hacer lo bueno.

¿Hay algún pecado que te sientes impotente de evitar?

Fauces

Ten compasión de mí, Señor;
mira cómo me afligen los que me odian.
Sácame de las puertas de la muerteh.

SALMOS 9:13, NVI

Algunos días tienes la sensación de que el mundo entero está contra ti. Tal vez te quedaste sin café o sin agua caliente para tu baño. La climatología podría haber empeorado justamente antes de que salieras a dar tu paseo matutino. Quizá terminaste gritando a tu familia, y todos salieron de la casa enojados.

Cada cosa que sale mal parece añadir un poco más de sal a la herida. Es ahí donde necesitas el poder sanador de la gracia de Dios para suavizar el dolor de la aflicción emocional y mental. Clama a Él en esta mañana y observa cómo te saca de modo seguro de las fauces enojadas de la desesperación.

¿Tienes confianza en que Dios siempre acudirá a tu rescate?
¿Puedes confiar en que Él aliviará tu dolor
y alentará tu corazón?

El honor de la victoria

El SEÑOR se complace en su pueblo;
a los humildes concede el honor de la victoria.

SALMOS 149:4, NVI

Algunos de los cambios más sustanciales y finalmente maravillosos en nuestras vidas vienen de los momentos de vulnerabilidad. Pero la vulnerabilidad requiere un ingrediente clave: humildad. Y la humildad no es fácil.

¿Acaso no es más fácil algunas veces fingir que nunca se produjo conflicto que tener que enfrentar el hecho de que cometimos un error y ofendimos a otra persona? No siempre es fácil humillarnos y pelear por la resolución en una discusión, especialmente cuando significa admitir nuestros propios fracasos.

¿Cómo puedes mostrar gracia a las personas en tu vida que te han ofendido? ¿Cómo puedes humillarte cuando tú has ofendido a otros?

Él oye

*Y como sabemos que él nos oye cuando le hacemos nuestras peticiones,
también sabemos que nos dará lo que le pedimos.*

1 JUAN 5:15, NTV

Algunas veces puede parecer como si Dios estuviera lejos: un hombre elusivo en los cielos que está tan por encima de nosotras, que seguramente no puede estar interesado en nuestras vidas cotidianas. Nuestros deseos y peticiones parecen tan pequeños en comparación, que parece que no vale la pena la tarea de incluso pedirle ayuda.

Pero Él es un Dios que ama a sus hijos. Quiere que estemos contentas, que nos sintamos satisfechas. Cuando nos acercamos a Él con nuestras peticiones y necesidades, ¡verdaderamente nos oye! La próxima vez que sientas como si tus peticiones son muy poco importantes para molestar a Dios con ellas, recuérdate a ti misma que Él siempre escucha. Aunque tal vez no te responda del modo en que esperabas, está ahí a tu lado, preparado para escucharte.

*Permítete a ti misma ser llena de la presencia de Dios hoy.
Él te ama y quiere lo mejor para ti. ¿Crees que, si pides algo
en su voluntad, Él te responderá?*

Temor o miedo

El temor del Señor es la base de la sabiduría.
Conocer al Santo da por resultado el buen juicio.
PROVERBIOS 9:10, NTV

A veces pensamos en Dios como alguien que está lleno de fuego y azufre, de pronósticos nefastos. Aprendemos que deberíamos tener un temor del Señor, y de repente nuestro Dios se convierte en alguien aterrador.

Hay una diferencia significativa entre tener un temor saludable y tener miedo. Aunque comúnmente relacionamos las palabras temor y miedo, no significan lo mismo. Tener temor del Señor significa que lo respetamos; significa que lo contemplamos con asombro. Él es, de hecho, un Dios de gran alegría. Cuando buscamos estar plenamente en su presencia, podemos encontrar esa alegría.

¡El Padre quiere que experimentes su alegría! ¿Delicias para siempre? ¡Anótate para eso! Sacúdete cualquier vieja idea de terror o aprensión que puedas sentir con respecto a estar en su presencia, y busca la senda de la vida que Él tiene para ti. ¡Él es una fuente de gran delicia! Alégrate hoy en ese conocimiento.

Avanza

Dejando a un lado las enseñanzas elementales acerca de Cristo,
avancemos hacia la madurez. No volvamos a poner los fundamentos, tales
como el arrepentimiento de las obras que conducen a la muerte,
la fe en Dios, la instrucción sobre bautismos, la imposición de manos,
la resurrección de los muertos y el juicio eterno.

HEBREOS 6:1-2, NVI

Algunas veces estamos tan enredadas en volver a discutir lo que
ya hemos oído bajo el disfraz de "dividir correctamente la verdad",
que nos desviamos a nosotras mismas de nuestro propósito y
nuestras metas. No necesitamos otro estudio bíblico o grupo de
apoyo para avanzar en nuestro caminar. Necesitamos ser genuinas
con Jesús y permitir que Él sea real con nosotras.

¿Qué sabes que deberías hacer, en lugar de buscar un punto de
vista iluminado sobre un tema del que se ha hablado mucho?
¿Dónde tienes necesidad de crecimiento para avanzar a la madurez?
¿Dónde dejaste de obedecer un mandamiento de Dios para aplacar
a una persona o tomar un desvío? Estas son preguntas difíciles,
pero son fructíferas si las perseguimos para obtener madurez y
responsabilidad en nuestro caminar. No somos retenidas por lo que
está afuera de nosotras. Somos liberadas para progresar mediante
nuestras convicciones puestas en acción.

*¿Qué ha liberado tu vida como resultado de renovar tu
enfoque en el Señor y tu progreso personal?*

Miradas vacías

Sus insultos me han destrozado el corazón,
y estoy desesperado. Si al menos una persona
me tuviera compasión; si tan solo alguien
volviera y me consolara.

SALMOS 69:20, NTV

"Palos y piedras pueden romper mis huesos, pero las palabras nunca me harán daño". Eso no es cierto, ¿verdad? El crudo dolor de un insulto casi puede ser peor que un hueso roto. Sabrás lo que se siente al ser acusada de cosas que no has hecho, o incluso peor, hacerte sentir avergonzada por cosas que has hecho.

Probablemente puedes pensar en un tiempo en el que cometiste un error y otros estaban allí para destacar cruelmente ese error. Es un alivio cuando descubres a una persona que se acercará con misericordia y te consolará. Sé agradecida hoy por esas personas en tu vida que sabes que serían las primeras en defenderte en tus momentos de mayor vergüenza.

*Cuando te sientes avergonzada o culpable,
¿puedes acercarte a la gracia de Dios que te libera
de la vergüenza?*

Verdadera fuerza

El necio da rienda suelta a su ira,
pero el sabio sabe dominarla.
PROVERBIOS 29:11, NVI

La fuerza es valiosa, y es muy buscada. Admiramos a las personas fuertes y aspiramos a ser las versiones más fuertes de nosotras mismas. Invertimos en el gimnasio y en cursos de autoayuda. Admiramos a personas que son extrovertidas y valientes ante la oposición. Pero ¿cuál es la verdadera definición de fuerza interior? Es mucho más que nuestra masa muscular y nuestro nivel de confianza. La verdadera fuerza solo puede encontrarse en el carácter de Dios. Él es poderoso, pero también manso. Él es bueno y lento para enojarse.

La mayoría de las veces, la fuerza viene en forma de mansedumbre; proviene del modo en que interactuamos con la gente, especialmente con quienes son difíciles de soportar. A menudo, la mansedumbre requiere una gran cantidad de dominio propio y empatía. Nos pide que retengamos nuestra lengua y mostremos gracia. Con frecuencia es mucho más difícil ser manso de lo que es ser la versión fuerte del mundo. Sin embargo, cuando nos proponemos en nuestro corazón ser semejantes a Dios, somos fuertes mediante nuestra mansedumbre.

*¿Cómo puedes ejercitar el dominio propio
y ver cada persona del modo en que Dios la ve?*

Berrinches y peleas

¿Qué es lo que causa las disputas y peleas entre ustedes?
¿Acaso no surgen de los malos deseos que combaten en su interior?
Desean lo que no tienen, entonces traman y hasta matan para conseguirlo.
Envidian lo que otros tienen, pero no pueden obtenerlo, por eso luchan
y les hacen la guerra para quitárselo.

Santiago 4:1-2, ntv

Los berrinches son tan comunes para los adultos como lo son para los niños; simplemente se ven diferentes en acción. Los niños no han aprendido a controlar los gritos y las patadas de frustración o enojo, mientras que los adultos tienen una conducta más controlada. Pero el corazón es el mismo, y las reacciones surgen de la misma provocación. Queremos lo que queremos pero no tenemos, de modo que hacemos un berrinche y peleamos. Observa a un niño, y esta verdad se verá en poco tiempo. Observa a un adulto, y puede que sea más difícil de discernir, pero está ahí en todos nosotros.

Gloria a Dios por su asombrosa gracia, que se nos muestra precisamente por esta razón. Sometámonos al perdón de Dios y acerquémonos a Él para obtener su limpieza y su gracia purificadora. Nos limpia, y nuestros berrinches son perdonados. Cuando nos humillamos, Él promete exaltarnos. ¿Qué más podríamos querer?

*¿Ves respuestas en ti misma que te recuerdan
a una niña que tiene un berrinche?*

Palabras que sanan

Hay quien habla sin tino como golpes
de espada, pero la lengua de los sabios sana.
PROVERBIOS 12:18, LBLA

Las palabras cortan profundamente. ¿No es asombroso cuántas de nosotras batallamos por recordar un número telefónico, pero podemos recordar perfectamente una serie de palabras duras que nos dijeron hace años atrás?

A lo largo de la Biblia, Dios caracteriza a una persona sabia como alguien de pocas palabras. Tal vez se debe a que una palabra descuidada puede hacer mucho daño. Ninguna de nosotras puede negar que las palabras tienen poder; pueden fácilmente dejar una marca que no se borra rápidamente. ¿Producen sanidad nuestras palabras a quienes nos rodean? No podemos subestimar el poder de nuestras palabras. Lo hermoso sobre este versículo es que nos recuerda que las palabras sabias producen sanidad.

¿Has pronunciado palabras descuidadas últimamente?
Tú tienes el poder de producir sanidad con nuevas palabras
de sabiduría. Si has sido herida por las palabras de otra
persona, acude a las palabras más sabias jamás escritas
(las Escrituras) para que lleven sanidad a las cicatrices
que hay en tu propio corazón.

Tiempo de dormir una siesta

Yo me acuesto, me duermo y vuelvo
a despertar, porque el SEÑOR me sostiene.
SALMOS 3:5, NVI

El bebé tardó toda una eternidad para quedarse dormido. La mamá estaba entretenida mientras atravesaba la habitación. Su esposo estaba profundamente dormido, pero el bebé, al que cargaba seguramente en sus brazos, tenía ojos brillantes y estaba listo para jugar. Otro día distinto, la mamá meneó negativamente la cabeza cuando la cámara de bebé agarró a su niño haciendo todo tipo de travesuras cuando se suponía que estaba durmiendo la siesta. A medida que los niños crecen, es más difícil conseguir que duerman la siesta, aunque realmente la necesiten. Cuando llegan los años de la adolescencia, es casi todo lo contrario. Los padres harán todo lo posible por sacar a sus hijos de la cama a mediodía, pues de lo contrario siguen durmiendo en la tarde y no están listos para irse a la cama cuando llega la noche.

La mayoría de mamás y papás darían cualquier cosa por intercambiar los lugares y dormir ellos la siesta por sus hijos. De algún modo, eso pocas veces sucede. Finalmente entendemos la importancia del descanso y sentimos su carencia; pero ¿cómo es posible que encontremos el tiempo para descansar? Dios promete descanso a su pueblo. Nos dice que nos acerquemos y descansemos. Tal vez es momento de escuchar a nuestro Padre celestial.

*¿Por qué pones excusas por no tener tiempo
para descansar?*

Corre con perseverancia

Por lo tanto, ya que estamos rodeados por una enorme multitud de testigos de la vida de fe, quitémonos todo peso que nos impida correr, especialmente el pecado que tan fácilmente nos hace tropezar. Y corramos con perseverancia la carrera que Dios nos ha puesto por delante.

HEBREOS 12:1, NTV

Los creyentes que vivieron su fe antes de nosotras nos proporcionan aliento y también ejemplos a seguir. Sirven como testimonios de lo que Dios puede hacer por medio de personas que ponen su confianza en Él.

Dios no nos promete vidas libres de dolor y dificultad. Lo que sí promete es que Él estará con nosotras y nos dará la fuerza que necesitamos para correr esta carrera. Puedes despojarte de todo lo que te obstaculice para seguirlo a Él. Dios quitará tu pecado y tu egoísmo y te dará perseverancia para correr tras Él.

¿Quién consideras que ha dejado un testimonio de fe para que tú lo sigas?

Noviembre

Tú eres mi refugio;
tú me protegerás del peligro
y me rodearás
con cánticos de liberación.

<small>Salmos 32:7, nvi</small>

Milagros

Les digo la verdad, todo el que crea en mí hará
las mismas obras que yo he hecho y aún mayores,
porque voy a estar con el Padre.

JUAN 14:12, NTV

La Biblia está llena de relatos emocionantes de poder, sanidad y resurrección. Nos encontramos nosotras mismas deseando haber estado allí cuando el fuego de Dios cayó sobre el sacrificio de Elías, o cuando Lázaro salió del sepulcro: un hombre muerto que vivió otra vez.

Dios nos deja claro que los milagros no cesaron cuando la Biblia terminó. Su poder no está limitado por las épocas, y Él es igualmente omnipotente en el presente como lo era en aquel entonces; por lo tanto, ¿qué es diferente? ¿Por qué sentimos que hay menos milagros hoy día? Dios nos dice que las obras que Él hará por medio de sus creyentes serán mayores que las obras que hizo por medio de sus discípulos. Pero estas obras se harán en aquellos que crean. El poder de Dios no puede limitarse, pero su muestra de poder puede verse disminuida por nuestra falta de fe.

Dios no miente. Él nos dice que, al creer en Él, podemos hacer milagros y los haremos. ¿Puedes creer en Él por algo grande, y pedírselo en fe, sabiendo que Él puede hacerlo?

Mejor juntos

Así Dios ha dispuesto los miembros de nuestro cuerpo, dando mayor honra a los que menos tenían, a fin de que no haya división en el cuerpo, sino que sus miembros se preocupen por igual unos por otros. Si uno de los miembros sufre, los demás comparten su sufrimiento; y, si uno de ellos recibe honor, los demás se alegran con él. Ahora bien, ustedes son el cuerpo de Cristo, y cada uno es miembro de ese cuerpo.

1 CORINTIOS 12:24-27, NVI

La Biblia nos dice que Dios nos formó en el vientre de nuestra madre. Antes de que naciéramos, nuestro cuerpo fue seleccionado y creado con todo cuidado por nuestro Hacedor, asegurándose de que cada parte encajara con las otras para funcionar en conjunto. Se puso un gran cuidado en este proceso.

Como cristianas, somos parte del cuerpo de Cristo. Igual que en nuestro cuerpo físico, si cada parte trabaja junto con las demás, entonces todo el cuerpo funciona bien y está contento. Pero si una parte sufre, todo el cuerpo sufre.

¿Qué cuidado estás tomando para asegurar que el cuerpo de Cristo, tu comunidad de creyentes, esté funcionando juntamente? ¿Se están alegrando juntos? Busca maneras en las que puedes contribuir a la armonía del cuerpo que te rodea.

Hoy

No he de morir; he de vivir para proclamar
las maravillas del SEÑOR.
SALMOS 118:17, NVI

Las condiciones en que fue escrito el Salmo 118 eran muy sombrías. El salmista habló sobre la destitución de su posición. Con enemigos que lo rodeaban y sintiéndose como si estuviera a punto de caer, aun así escribió que debería alegrarse y regocijarse. La alegría es una decisión; una que debemos tomar en los buenos tiempos y también en los tiempos difíciles. Requiere acción y decisión. Nuestra perspectiva debe ser mayor que nuestros problemas, y nuestros corazones necesitan estar fijos en Dios.

Por su gracia y fidelidad, el Señor ha creado cada día. Solamente esto es razón para darle gracias y alegrarnos. Los días pertenecen al Señor, estén llenos de felicidad o de farsa. Podemos decidir estar agradecidas y alegres, independientemente de lo que tengamos que enfrentar.

¿Qué hay en este día que te alegra?

Vida nueva

Pues hemos muerto y fuimos sepultados con Cristo mediante el bautismo; y tal como Cristo fue levantado de los muertos por el poder glorioso del Padre, ahora nosotros también podemos vivir una vida nueva.

ROMANOS 6:4, NTV

Toda la raza humana está viviendo con tiempo prestado. Pasamos nuestras vidas teniendo el conocimiento innato de que nunca sabemos cuándo llegará el fin para nosotras. La muerte llega, como siempre lo hace, a cada hombre.

Cuando se trató de Jesús, la muerte no tuvo la última palabra. Y en esa muerte, la única muerte que representaba a toda la humanidad, nació la mayor forma de vida. La verdad del evangelio es que la muerte de Jesús no fue tan solo el final de la vida de un hombre sobre una cruz. Fue la muerte para poner fin literalmente a todas las muertes. Jesús murió y tomó sobre sí toda la ira de un Dios justo para que nuestra sentencia de muerte ya no tuviéramos que cumplirla. Y la historia no termina ahí. La parte más gloriosa de todo es su resurrección: su conquista de la muerte, y la muestra definitiva de poder, gloria, victoria y gracia.

Todo el propósito del evangelio completo, resumido en una frase que da vida es este: puedes tener nueva vida. Esta hermosa verdad no es solamente un pensamiento hermoso; es tu realidad como cristiana. ¿Puedes aceptar la historia terminada del evangelio?

El granjero

Tienes seis días la semana para hacer tu trabajo habitual,
pero el séptimo día dejarás de trabajar, incluso durante
la temporada del arado y de la cosecha.

ÉXODO 34:21, NTV

El granjero se quitó de la cabeza su sombrero polvoriento y se limpió los chorros de sudor. Su mano húmeda dejó rastros de tierra mojada y polvo como caminos fangosos por toda su frente. Sostenía su sombrero con su mano grande, y entonces se lo colocó otra vez en la cabeza. Se lo acomodó hasta que encajó perfectamente, como cuando se pone el tapón a algún envase. El descanso llegaría después de tener seguro el grano en grandes bidones de acero.

Puede que nosotras no tengamos el mismo trabajo sudoroso que tiene el granjero. No obstante, nos pueden venir momentos apremiantes con la misma urgencia cuando llegan proyectos, los niños lloran o surgen fechas de entrega límites. Los calendarios ruegan tener más espacio. El tiempo ahoga nuestra respiración. Las estaciones de nuestra vida llegarán y se irán con demandas; algunas de ellas simplemente hay que cumplirlas, pero nuestra ocupación necesita que apartemos tiempo para descansar. Unas vacaciones, un fin de semana sin tener que seguir un calendario, o incluso una hora durante el día para una breve siesta son periodos que vale la pena pensarlos con antelación. Dios mismo inició el descanso. Seguramente debe ser válido también para nosotras.

¿Qué podrías necesitar cambiar para dar espacio al descanso?

Un cuerpo

Efectivamente, hay muchas partes, pero un solo cuerpo. El ojo nunca puede decirle a la mano: «No te necesito». La cabeza tampoco puede decirle al pie: «No te necesito». [...] Por eso Dios ha formado el cuerpo de tal manera que se les dé más honor y cuidado a esas partes que tienen menos dignidad.

1 CORINTIOS 12:20-21, 24, NTV

El cuerpo más sano es el que cuida de todos sus miembros y también reconoce el valor de cada uno. Cuando estamos cómodas y seguras siendo quien Dios nos hizo ser, y cuando apoyamos y alentamos a los demás a hacer lo mismo, solo entonces podemos funcionar adecuadamente como cuerpo y como un equipo bien diseñado.

Gracias a Dios por cada miembro de su cuerpo. Dale gracias porque bajo Él estamos todos unidos para una meta común. Podemos aprender el verdadero valor de trabajar con otros y tratar a cada persona con respeto cuando operamos con el amor y la gracia de Dios.

¿Cuáles son algunas destrezas que tú no posees
y que estás agradecida que otros las tengan?
¿Qué dones aportas al cuerpo de Cristo?

Me entretejiste

Tú creaste las delicadas partes internas de mi cuerpo
y me entretejiste en el vientre de mi madre.

SALMOS 139:13, NTV

El Señor no comete errores, y nos creó a cada una de nosotras.
Fuimos creadas intencionalmente para un propósito eterno.
El término que usó David para "partes internas" se refería a los
riñones. En los tiempos cuando escribió estas palabras, los hebreos
consideraban que el riñón era donde nacían nuestros deseos y
anhelos. Por lo tanto, David está atribuyendo nuestros deseos más
profundos y primarios a Dios como autor y creador.

Fuimos entretejidas por Dios, incluyendo nuestros deseos, carácter,
y todas las otras cualidades únicas. En lugar de sacrificar nuestros
deseos sobre el altar de la adherencia, deberíamos pedirle a Dios que
nos revele su plan y su propósito por el cual nos creó del modo en
que lo hizo. Él tiene un plan específico para cada una de nosotras.

¿Cuáles son algunos de los deseos
que te han sido dados por Dios?

Da con alegría

Cada uno debe decidir en su corazón cuánto dar;
y no den de mala gana ni bajo presión,
«porque Dios ama a la persona que da con alegría».

2 CORINTIOS 9:7, NTV

El Señor deja claro repetidamente que no son los rituales religiosos los que mueven su corazón, sino la alegría que experimentan sus hijos cuando lo obedecen. Él quiere nuestros corazones, no nuestras acciones. Los corazones agradecidos y alegres desearán hacer el bien y dar con generosidad. En ese punto, ya no es simplemente una obligación bíblica, sino un privilegio y una delicia.

Dios tiene riqueza en abundancia. Él puede suplir cada necesidad por sí solo, pero decide usarnos como participantes en su plan. Eso es un honor que no hay que tomar a la ligera. Debería llenarnos de gratitud y alegría.

¿Cómo beneficia el dar al dador y también al que recibe?

La exposición de tus palabras

La exposición de tus palabras nos da luz,
y da entendimiento al sencillo.

SALMOS 119:130, NVI

Mientras más nos familiarizamos con las Escrituras, más madura nuestro entendimiento. La Biblia puede ser entendida por todos, desde el erudito hasta el poco versado. Solo tenemos que decidir dedicarnos a su estudio y pedir la sabiduría al Señor.

A lo largo de la Palabra de Dios aprendemos cómo fue nuestro origen, cuál es el plan supremo de Dios para nuestro futuro, quiénes somos, y para qué fuimos creadas. Sin la perspectiva de Dios, nos quedamos con confusión y oscuridad. En lugar de buscar la felicidad temporal, deberíamos buscar el propósito que Dios nos otorgó.

*¿Qué te ha revelado Dios últimamente
mediante las Escrituras?*

Nuestra fortaleza

Aunque las higueras no florezcan y no haya uvas en las vides, aunque se pierda la cosecha de oliva y los campos queden vacíos y no den fruto, aunque los rebaños mueran en los campos y los establos estén vacíos, ¡aun así me alegraré en el Señor! ¡Me gozaré en el Dios de mi salvación!

HABACUC 3:17-18, NTV

La pila de facturas, el ruido que hace el auto, los rumores de despidos en el trabajo, el niño que se quedó en casa enfermo, otra vez. Las presiones pueden abrumarnos, especialmente cuando se acumulan. Y si a eso le añadimos los estreses bajo los cuales nos situamos (¿soy lo bastante buena? ¿Por qué dije eso? Las casas de otras mujeres no están tan desordenadas), tenemos otra buena receta para la inseguridad.

Cuando las cosas parezcan imposibles, y lo parecen a menudo, alaba a Dios porque tenemos sus promesas y su poder. No nos corresponde a nosotras resolver nuestros problemas; solo necesitamos confiar en el Señor y aceptar su ayuda.

¿Dónde podrías utilizar un poco, o mucho, de la fortaleza de Dios en este momento? Ofrece tus preocupaciones a tu Padre.

Un lugar tranquilo

Y, como no tenían tiempo ni para comer, pues era tanta la gente que iba y venía, Jesús les dijo: —Vengan conmigo ustedes solos a un lugar tranquilo y descansen un poco.

MARCOS 6:31, NVI

¿Has intentado alguna vez descansar en un lugar ruidoso o con personas que constantemente entran y salen de la habitación? Jesús y sus discípulos estaban en uno de esos entornos muy ajetreados. Había una corriente constante de personas que entraban y salían de modo que no podían comer, y mucho menos descansar. Fue entonces cuando Jesús tuvo una idea. Les dijo que lo acompañara en un lugar tranquilo para poder descansar un poco. Hay algo en un lugar tranquilo que proporciona sanidad: físicamente, emocionalmente y espiritualmente.

¿Cuándo fue la última vez que pudiste estar tranquila? ¿Dónde pudiste descansar? ¿Dónde pudiste pasar tiempo con Dios de manera ininterrumpida? El tiempo con Jesús proporciona un descanso que no podemos obtener de ningún otro modo. La Biblia dice que nuestra boca declara lo que hay en nuestro corazón. Cuando nuestro corazón está lleno de agitación, estrés y ansiedad, surgirán palabras desagradables. Diremos palabras impacientes a quienes amamos. Pero cuando nuestro corazón está lleno de tiempos tranquilos con Jesús, su dulzura rebosará en todo lo que hagamos.

¿Cuándo fue la última vez que pasaste unos momentos de tranquilidad con Dios?

Queja constante

Háganlo todo sin quejas ni contiendas, para que sean intachables y puros, hijos de Dios sin culpa en medio de una generación torcida y depravada. En ella ustedes brillan como estrellas en el firmamento, manteniendo en alto la palabra de vida. Así en el día de Cristo me sentiré satisfecho de no haber corrido ni trabajado en vano.

FILIPENSES 2:14-16, NVI

La tentación de quejarnos o pelear puede ser abrumadora a veces. Juntemos a un grupo de mujeres en una habitación y casi podremos ver crecer la tensión. "Ella hizo esto y no fue justo". "No contribuye del modo en que debería". "Mi vida es difícil por una multitud de razones". La lista no deja de aumentar.

Nuestras quejas a menudo son válidas y ciertas, pero nos perdemos la alegría que el Señor desea para nosotras cuando buscamos solamente lo negativo. Esta carta de Pablo a los filipenses fue escrita hace miles de años atrás, pero fácilmente podría haberse escrito hoy mismo. Todavía vivimos en una generación torcida y depravada. ¡Brillemos como estrellas en el firmamento! Agarrémonos firmemente a su Palabra cuando declaramos vida a quienes nos rodean.

¿Qué quejas necesitas soltar hoy?

Confía en Dios

Pero cuando tenga miedo, en ti pondré mi confianza.
Alabo a Dios por lo que ha prometido. En Dios confío,
¿por qué habría de tener miedo?
¿Qué puede hacerme unos simples mortales?

SALMOS 56:3-4, NTV

Las verdaderas batallas que peleamos no son unos contra otros, sino contra el diablo y sus mentiras. Como Dios ha reclamado ya la victoria sobre el diablo, la victoria es nuestra ahora. Sin embargo, aun así, la guerra continúa. Quienes han rechazado a Cristo y han creído las mentiras del enemigo nos rechazarán también a nosotras porque Cristo está en nosotras.

Aunque nuestros enemigos pueden levantarse contra nosotras, no tienen ningún poder sobre nosotras porque no tienen ningún poder sobre Cristo. Incluso si hicieran daño a nuestra carne, no pueden dañar nuestra alma. Cuando tenemos miedo, podemos confiar en que Dios está con nosotras.

Conocer mejor la Palabra de Dios y creerla en tu corazón,
¿cómo te ayuda a rechazar el miedo?

Dichosos los humildes

Dichosos los humildes, porque recibirán
la tierra como herencia.

MATEO 5:5, NVI

La palabra *humildes* que se utiliza en este versículo se traduce
a menudo también como *mansos*. La palabra griega para
mansedumbre se refería a un caballo de guerra que había sido
domado. Solo los mejores caballos que estaban muy atentos a la voz
de su jinete y que escuchaban sus órdenes incluso en el fragor de la
batalla ya no se utilizaban fuera del campo. Los otros caballos eran
utilizados para transportar cargas y cosas similares.

Humildad y mansedumbre pueden entenderse de modo erróneo
como debilidad. Ser humilde delante de Dios y estar atenta a su
voz requiere enfoque y disciplina; necesita práctica, entrenamiento,
humildad y paciencia. La humildad verdadera tiene un gran valor
para un creyente, y no hay nada débil al respecto.

¿Por qué escogió Dios confiar la tierra
a los mansos y humildes?

El descanso correcto

Yo mismo iré contigo
y te daré descanso.
ÉXODO 33:14, NVI

Tenemos tendencia a ser expertas en la multitarea. Manejamos muchas responsabilidades, horarios y detalles. Cuando se acerca la temporada de vacaciones, esas tareas solo parecen incrementarse. Entre la cocina y la decoración, las fiestas y las festividades, podemos fácilmente quedar agotadas.

Dios dice en su Palabra: "Estén quietos y sepan que yo soy Dios". Él nos pide que nos detengamos, nos sentemos y descansemos porque nos diseñó para necesitar descanso. Hay una razón por la cual Dios estableció el ejemplo cuando descansó en el séptimo día, después de haber creado el mundo. Incluso el Creador conocía la importancia del descanso. ¿Alguna vez te has levantado del sillón y te sigues sintiendo cansada, a veces incluso más cansada que cuando te sentaste? No confundas descansar tu cuerpo con descansar tu alma. El verdadero descanso proviene solamente de estar en la presencia del Padre.

¿Puedes pausar en medio de la agitación de la próxima temporada de vacaciones para sentarte delante de Dios, leer su Palabra y esperar en Él a medida que recargas fuerzas en su presencia?

Bienestar

En la enfermedad, el ánimo levanta al enfermo;
¿pero quién podrá levantar al abatido?
PROVERBIOS 18:14, NVI

Hay una clara conexión entre nuestro bienestar emocional y el físico. El Señor creó nuestro cuerpo para operar como unidades completas, de modo que descuidar una parte es ser negligente hacia el todo. El Señor ofrece alegría que es calmante y sanadora. Aunque muchos aspectos afectan a nuestra salud general, tener un espíritu alegre puede ofrecer una gran cantidad de ayuda para nuestro bienestar integral.

El Señor nos diseñó para adorarlo a Él. Cuando lo hacemos, experimentamos su gozo y su paz porque estamos cumpliendo nuestro propósito. Será mejor para nuestro cuerpo de lo que podríamos imaginar jamás. Cuando nuestro corazón es animado y tenemos algo en lo que poner nuestra esperanza, eso ayuda a fortalecer y enfocar nuestro cuerpo completo.

¿Cómo la alegría puede ayudarte físicamente?

Descanso en Dios

Como son más altos los cielos de la tierra,
así son mis caminos más altos que vuestros caminos,
y mis pensamientos más que nuestros pensamientos.

ISAÍAS 55:9, RVR1960

Hay días en los que tus actividades y tus pensamientos están inmersos en lo trivial. ¿Se pondrá en verde el semáforo? ¿Qué debería cocinar para la cena? ¿Hay algo en el refrigerador para preparar la cena? Proclamas un rápido "¡Dios, ayúdame!", y te apresuras a la siguiente tarea que hay en tu interminable lista de cosas que hacer. Los días ocupados desembocan en semanas agotadoras, convirtiéndose en meses de preocupación. Puede parecer como si estuvieras en un carrusel que da vueltas cada vez con más rapidez, agarrada a un caballo de colores brillantes y esperando contra toda esperanza poder seguir adelante. ¿Te resulta familiar?

Dios conoce tus pensamientos. Él sabe la paz que anhela tu espíritu. Él se interesa por la eternidad mientras que tú batallas con este momento. Pasar tiempo en quietud con el Señor te ayudará a encontrar una perspectiva que trasciende los límites del mundo actual. Él conoce las presiones que sientes, y quiere darte paz. Un corazón que está en sintonía con Dios te ayudará a estar alegre y serena en medio del caos.

¿Hay maneras en que puedes priorizar lo que necesitas hacer
y descartar algunas cosas para pasar tiempo con el Señor?

El combustible correcto

Es bueno proclamar por la mañana tu amor inagotable.

SALMOS 92:2, NTV

Hay diferentes opciones de combustible en la gasolinera. Un conductor puede escoger entre regular, súper, y en algunas gasolineras, un combustible con base de etanol. Las tres opciones funcionarán en la mayoría de los vehículos, pero algunos vehículos fueron diseñados para rendir mejor con gasolina súper. El motor no operará al máximo con gasolina regular, y a largo plazo tiene propensión a descomponerse antes.

Dios nos diseñó no para recorrer pesadamente nuestros días sino para florecer y desarrollarnos. En el Salmo 92, Él nos indica que comencemos nuestro día reflexionando en su amor inagotable. Su intención es que seamos fortalecidas en nuestro espíritu al saber que, a pesar de todo lo que llegue a nuestro camino, hemos sido amadas con un amor que es incapaz de fallar. ¿Podemos operar sin saber eso? Claro, igual que un vehículo con gasolina regular. Pero fuimos diseñadas para operar con súper, recordando cada día que somos amadas, para que habitemos en la gracia y la paz en lugar de la ansiedad y el temor.

¿Te llenas de amor de Dios cada día
o confías en algo más barato?

Un viaje dichoso

Hermanos míos, considérense muy dichosos cuando tengan que enfrentarse con diversas pruebas, pues ya saben que la prueba de su fe produce constancia. Y la constancia debe llevar a feliz término a la obra, para que sean perfectos e íntegros, sin que les falte nada.

SANTIAGO 1:2-4, NVI

Hay una gran dicha en el viaje: en los detalles triviales, en los momentos difíciles, en los momentos confusos y en las lágrimas. Hay mucha alegría que se encuentra en la quietud y en el ruido.

La autocompasión y las comparaciones crean un camino directo para que el enemigo nos robe nuestra alegría. Hay esperanza en Jesús y en el regalo de los pequeños momentos llenos de dicha. Llegan de diversas formas: rayos de sol que entran por la ventana, una persona amable en la caja del supermercado, una canción que invita a escucharla a todo volumen, una fiesta de baile en el salón de la casa, o el sabor de una comida deliciosa tras un largo día. Cualquiera que sea el momento, hay dicha si la buscamos.

Hay un viaje de dicha cuando despertamos cada día sabiendo que es otro día para poder respirar el aire fresco. ¿Puedes encontrar dicha en el momento hoy?

Abundante esperanza

Que Dios, que da esperanza, los llene de alegría y paz a ustedes que tienen fe en él, y les dé abundante esperanza por el poder del Espíritu Santo.
ROMANOS 15:13, DHH

No hay nada por lo que valga la pena esperar en esta vida, ya que todo un día pasará. El único digno de toda nuestra esperanza, quien puede llenarnos de toda alegría y paz, es Dios. Ya que sabemos lo que Él tiene en espera, podemos enfrentar esta vida ahora con alegría por lo que ha de llegar y con paz, sabiendo que algún día todo será enderezado.

Dios envió al Espíritu Santo para guiarnos y reavivar nuestra esperanza para lo que llegará. Él nos llena de poder para enfrentar cualquier batalla, porque ya tenemos la seguridad de que al final ganamos.

¿Qué significa para ti abundar en esperanza?

Misterio y esperanza

Por esto, ya que por la misericordia de Dios tenemos este ministerio, no
nos desanimamos. Más bien, hemos renunciado a todo lo vergonzoso
que se hace a escondidas; no actuamos con engaño ni torcemos la palabra
de Dios. Al contrario, mediante la clara exposición de la verdad, nos
recomendamos a toda conciencia humana en la presencia de Dios…
Porque Dios, que ordenó que la luz resplandeciera en las tinieblas, hizo
brillar su luz en nuestro corazón para que conociéramos la gloria de Dios
que resplandece en el rostro de Cristo.

2 CORINTIOS 4:1-2, 6, NVI

Hay mucho misterio en la vida. Muchas preguntas sin responder
y cosas desconocidas. La fe en sí misma es un elemento inmenso de
misterio. A fin de vivir una vida llena de fe, aceptamos los elementos
de misterio porque sabemos que van de la mano con ella… la
esperanza. Esperanza es Dios diciéndonos que su propósito es mayor
que cualquier cosa desconocida. Cuando atravesamos cualquier cosa,
sin importar cuán grande sea el misterio, Dios camina a nuestro lado.

Dios no nos promete una explicación, y ahí radica el misterio; pero
sí nos promete su presencia, y esa es una verdad inquebrantable.
Cuando pasemos por aguas profundas, Él está ahí.

¿Has tenido un momento de misterio?
¿Una circunstancia o situación inexplicable
sobre la que desearías poder preguntar a Dios?

Sin cargas

Entrégale tus cargas al SEÑOR, y él cuidará de ti.
SALMOS 55:22, NTV

Esta vida siempre va a entregarnos algunas cargas bastante grandes. Tenemos responsabilidades con respecto a muchas cosas. Quizá necesitas terminar una tarea, dar una presentación en el trabajo, o cuidar de un niño enfermo. Algunas veces enfrentamos cargas incluso más difíciles, como una crisis de salud o la pérdida de un empleo. Los afanes y las ansiedades son reales; sin embargo, Jesús quiere que se los entreguemos a Él. ¿Qué significa eso para ti?

Entregar tus cargas a Cristo podría significar simplemente que tienes alguien con quien desahogarte. A menudo se dice que nos descargamos al compartir nuestros pensamientos y emociones con otras personas. Bueno, Jesús está preparado para escuchar todo; ¡no tienes que retener nada! Pasa algún tiempo entregándole a Él tus preocupaciones y ansiedades hoy.

¿Puedes llevar tus preocupaciones a Dios y aceptar su gracia
y su fortaleza para enfrentar el día que hay por delante?

Eres amada

Por lo tanto, como escogidos de Dios, santos y amados,
revístanse de afecto entrañable y de bondad, humildad,
amabilidad y paciencia.

COLOSENSES 3:12, NVI

Este versículo nos llega después de una lista de cosas de las que
Pablo pide a los creyentes en Colosas que se despojen o dejen de
hacer. Al leer este versículo, ¿pasaste rápidamente por el inicio de
la lista de cosas que necesitamos hacer? ¿Revestirnos de bondad,
humildad, amabilidad, y lo demás? Creo que la mayoría de nosotras
pasamos rápidamente por estas cosas que tienen un gran significado
y que se encuentran al inicio del versículo. Lee esta parte siguiente
lentamente: eres escogida de Dios.

En Cristo, eres santa. Eres amada. ¿Qué significa eso? Significa
estimada; favorita; digna de amor. El amor que recibimos de Dios
no es el tipo de amor que dice: "ráscame la espalda y yo rascaré
la tuya". No es un amor que puedes ganarte. Es el Dios que dibuja
atardeceres y produce vida, quien te pide que seas amada. ¿Quieres
saber qué podría ser lo más valiente que hagas hoy? Deja de trabajar,
apresurarte y correr, y permítete a ti misma ser amada por Dios.

*¿Cómo puedes ralentizar el ritmo hoy para enfocarte
en la verdad de ser amada por Dios?*

Buenos deseos

Que él conceda los deseos de tu corazón
y haga que todos tus planes tengan éxito.
SALMOS 20:4, NTV

¡Este versículo suena a buenas palabras para una tarjeta de felicitación deseando buenos deseos! Es estupendo reflexionar en las palabras positivas de otros porque, muchas veces, deseamos genuinamente lo mejor para otras personas y esperamos que los deseos de su corazón y sus planes se cumplan y tengan éxito.

Piensa en este versículo como una oración para ti. Que Dios conceda los deseos de tu corazón y haga que todos tus planes tengan éxito. Alégrate por los amigos y familiares que realmente esperan cosas buenas para tu vida y oran por ellas.

¿Puedes comenzar tu día siendo alentada
por el deseo de Dios de bendecirte?

Fe es evidencia

La fe es la garantía de lo que se espera,
la certeza de lo que no se ve.
HEBREOS 11:1, NVI

Quienes tienen fe no se espera que se acobarden en temor, sino que tengan confianza en el poder de Dios. Hebreos ofrece testimonios de personas que atravesaron circunstancias extremas y aun así perseveraron debido a su fe. Esa misma fe es accesible para nosotras porque el mismo Dios gobierna hoy en nuestros corazones.

Tenemos completa seguridad en Dios y en las cosas invisibles que nos ha prometido. Aferrarnos a esta convicción es poner nuestra fe en Dios. Además, Dios se hace evidente a sí mismo al mundo mediante nuestra fe.

¿Por qué la fe está basada en la convicción y la evidencia?

Espíritu de poder

Pues Dios no nos ha dado un espíritu de timidez,
sino de poder, de amor y de dominio propio.
2 TIMOTEO 1:7, NVI

Timoteo había servido al lado de Pablo durante un tiempo, y 1 Corintios 16:10 sugiere que habría preferido trabajar de ese modo, ya que estaba batallando con el temor y se sentía intimidado. Aquí, Pablo, el líder extrovertido y sociable, escribió a Timoteo para recordarle que es Dios quien pone en él un espíritu de poder y de dominio propio. No tiene nada que temer, ya que está involucrado en la obra del Señor.

Se nos ha dado un espíritu de poder, de amor y de dominio propio, de modo que no tenemos que temer cuando Dios nos llame a un trabajo específico. Podemos confiar en que nos ayudará a permanecer y hacer exactamente lo que quiere que hagamos. Cuando seamos intimidadas o queramos ocultarnos entre las sombras, podemos recordar que es Dios quien obra en nosotras y a través de nosotras. No tenemos un espíritu de temor, porque el Espíritu de Dios vive en nosotras, y nos llena de poder y de dominio propio.

¿Qué te intimida? ¿Te ha pedido Dios
que des un paso o levantes tu voz?

Almohada perfecta

Y le dijo Jesús: Las zorras tienen guaridas, y las aves de los cielos nidos; mas el Hijo del Hombre no tiene dónde recostar la cabeza.

LUCAS 9:58, RVR1960

Intenta encontrar la almohada correcta y pronto descubrirás exactamente los fallos que tiene. Los pasillos de las tiendas están llenos de diversas opciones. Las variedades de almohada incluyen tamaño, forma, firmeza y materiales. Las etiquetas de precios recorren toda la gama, desde lo razonable hasta lo exagerado. Cada una anuncia los beneficios para el sueño que tiene su producto. Para muchas personas en todo el mundo, la búsqueda de la mejor almohada no es ningún problema. Hay incontables personas que simplemente están agradecidas por tener un lugar donde reposar la cabeza.

En un pasaje que toma en cuenta el costo del discipulado, Jesús responde a un seguidor que desea creer que está preparado para seguir al Maestro a cualquier lugar: "el Hijo del Hombre no tiene dónde recostar la cabeza". El hogar de Jesús era un hogar celestial. Él reconocía que su pertenencia no provenía de una casa por su propia cama; no le preocupaban las plumas o el material de su almohada. Él quería que sus discípulos tuvieran la misma mentalidad. Esta vida de trabajo y ocupación, llena de inquietud y dificultad, nunca será nuestro hogar para siempre. Estamos de paso, y hay algo mucho mejor por delante.

¿Qué te hace sentir segura en la noche?

En la playa

Calmó la tormenta hasta convertirla
en un susurro y aquietó las olas.

SALMOS 107:29, NTV

Hay algo en un día en la playa que habla a nuestra alma cuando los tiempos son difíciles. El sol calienta nuestros huesos y nos relaja mientras sopla una suave brisa. Coloridas sombrillas de playa se agitan suavemente con el viento. El océano se extiende delante de nosotras con diversas variedades y matices de color azul y verde. El sonido de las olas al romper en la costa nos acuna hacia un descanso muy necesario.

A veces olvidamos que el Dios que aquieta las olas también puede aquietar a sus hijas. Le encanta verlas disfrutar de la vida, y sabe que, cuando están estresadas y cansadas, cuando sus hombros están llenos de cargas, pasar tiempo deleitándose en lo que Él ha hecho puede renovarlas para los días que llegarán.

¿Qué lugares producen paz y descanso para tu alma cuando estás ansiosa? ¿Has pensado en orar y pedir específicamente a Dios que te permita ir allí?

Tú tienes dones

Tenemos dones diferentes,
según la gracia que se nos ha dado.
ROMANOS 12:6, NVI

Todas tenemos algo que nos hace sentir más vivas cuando lo hacemos. Podemos llamarlo un pasatiempo, un talento, una pasión: nuestro nicho. Cuando descubrimos eso que nos gusta hacer y en lo que sobresalimos, es uno de los descubrimientos más especiales.

Dios nos ha creado a cada una con un conjunto de habilidades único. Nos bendijo con talentos que nos distinguen de los demás y a la vez nos complementan con los demás. Él nos dio estos dones para que nosotras, como cuerpo de creyentes creados por Dios, pudiéramos avanzar sus propósitos y avanzar su reino. Piensa por un momento en los dones específicos que Dios te ha dado. No seas modesta; ¡Dios nos da dones para que podamos estar seguras en ellos para su gloria!

Piensa en tus dones en relación directa con el reino de Dios. ¿Cómo puedes usar tus dones para beneficiar a la iglesia, a la comunidad y al mundo? Busca ser una participante activa en el reino de Dios utilizando las herramientas que Dios escogió específicamente para ti.

El Alfarero y el barro

SEÑOR, eres nuestro Padre;
nosotros somos el barro y tú, el alfarero.
Todos somos formados por tu mano.

ISAÍAS 64:8, NTV

Fuimos diseñadas cuidadosamente para un propósito del modo exacto en que Dios quiso. El Señor no comete errores; hace obras maestras. Antes de criticarnos a nosotras mismas, debiéramos considerar el insulto que eso supone para nuestro creador. En lugar de enfocarnos en lo que no tenemos, reconozcamos en cambio nuestro diseño único.

Aunque es honorable trabajar hacia mejorar nuestra salud, nuestra mente y nuestras emociones, no deberíamos volvernos desdeñosas hacia lo que somos hoy. Quienes han invitado a Dios para que sea el Señor de su vida, tienen al Espíritu Santo viviendo en su interior. Son su pueblo escogido y son preciosas ante los ojos de Dios.

¿Te maravillas por cómo te formó el Señor, y lo alabas por tu cuerpo, mente, talentos y personalidad?

Diciembre

No temas ni te desalientes, porque
el propio Señor irá delante de ti.
Él estará contigo,
no te fallará ni te abandonará.

Deuteronomio 31:8, ntv

La Palabra

¿Cómo puede un joven mantenerse puro?
Obedeciendo tu palabra. Me esforcé tanto por encontrarte;
no permitas que me aleje de tus mandatos.
He guardado tu palabra en mi corazón, para no pecar contra ti.
SALMOS 119:9-11, NTV

Nos encontramos con mucha oposición en nuestra búsqueda diaria de Cristo. Somos desviadas muy fácilmente por las cosas de este mundo, nuestras propias batallas emocionales y nuestra guerra contra el pecado. Sin la verdad de la Palabra de Dios viva y activa, estamos indefensas para vivir con éxito la vida cristiana.

La Palabra de Dios es la mejor defensa contra la desesperanza, el temor y el pecado; y al mismo tiempo es nuestra mejor arma ofensiva contra la tentación, las mentiras y el enemigo de nuestras almas.

*¿Puedes establecer la meta para ti misma de memorizar
pasajes de la Escritura que te equiparán para la vida diaria?
La Palabra de Dios es el libro más útil, instructivo y poderoso
que podrás tener entre tus manos jamás.
Cómelo, absórbelo y vívelo.*

Habilidad

Entrena mis manos para la batalla;
fortalece mi brazo para tensar un arco de bronce.
SALMOS 18:34, NTV

No somos simplemente hijas de Dios. Somos sus guerreras, sus conquistadoras. Esa verdad puede ser difícil de aceptar; ante la oposición, nos preguntamos si somos capaces. ¿Estamos equipadas?

El Dios que nos llama a estar en el frente, no nos deja vulnerables, no nos deja allí para que quedemos heridas y sangrientas. Él va delante de nosotras. Él pone armas en nuestras manos. En medio de la batalla, cuando sentimos que no somos capaces, Aquel que pelea por nosotras nos mantiene arraigadas. Da aliento a nuestra alma. Podemos permanecer fuertes a pesar de cuánta fortaleza muestre el enemigo porque, en última instancia, nosotras somos más fuertes. Él nos entrenó precisamente para esos momentos.

¿Qué batallas estás enfrentando hoy?
¿Sabes que no estás peleando sola
y que las batallas ya han sido ganadas?

Sigue orando

Alégrense por la esperanza
segura que tenemos. Tengan paciencia
en las dificultades y sigan orando.
ROMANOS 12:12, NTV

No podemos fabricar sentimientos de felicidad, pero podemos llegar a estar familiarizadas con la esperanza que tenemos en Cristo que nos llena de alegría incluso en nuestra tristeza. Cuando llegan las dificultades, sabemos que no perdurarán, de modo que podemos perseverar con paciencia. Dios ha asegurado su victoria al final.

Seguir orando en todo tiempo ofrece la comprensión de que Dios está cercano y quiere tener un papel activo en nuestras vidas. Al conversar con Él, vivir de acuerdo a su Palabra, y tomar el tiempo para escuchar su voz, nuestra alegría, esperanza y paciencia pueden ser renovadas diariamente.

Cuando sientes que te falta paciencia,
¿haces una pausa para pedir a Dios que te recuerde
la esperanza que posees?

Paciencia

El Señor no tarda en cumplir su promesa, según entienden algunos la tardanza. Más bien, él tiene paciencia con ustedes, porque no quiere que nadie perezca, sino que todos se arrepientan.

2 PEDRO 3:9, NVI

Tenemos todo al instante. El Internet responde preguntas, nos da indicaciones, y muchas otras cosas. Podemos conversar o hacer video llamadas con personas que están al otro lado del planeta en tiempo real. Un cajero automático nos dará dinero en efectivo de nuestro banco en cualquier momento del día o de la noche. Hay una olla rápida en la que cocinar, un horno microondas y comida rápida para obtener cenas al instante. Amazon ha abierto un centro comercial instantáneo. Y en cierto modo, esperamos por tres minutos en la oficina de correos y nos inquietamos debido a la demora.

Todas hemos oído la frase: "Bueno, ¡deseé tener paciencia y mira lo que sucedió!". Lo que se da a entender es que surgieron muchos problemas dolorosos y constantes. El tiempo de Dios es diferente al nuestro. Toma tiempo con otras personas, ralentiza el ritmo y mira a tu alrededor, medita en la Palabra de Dios. Tu corazón escuchará mejor, tu actitud mejorará, y tus problemas no detendrán tu felicidad.

¿Es frenética tu vida? ¿Puedes pensar en maneras o momentos en los que puedes pausar y aquietar tu corazón y tu alma? ¿Crees que podrías beneficiarte de eso?

Cantaré de tu poder

Pero yo cantaré de tu poder,
y alabaré de mañana tu misericordia;
porque has sido mi amparo
y refugio en el día de mi angustia.

SALMOS 59:16, RVR1960

Conocemos personalmente la bondad de Dios debido a las cosas que hemos enfrentado. En medio de nuestra angustia, Dios sigue siendo nuestro amparo y refugio constantes. Si nos enfocamos en Él en lugar de enfocarnos en nuestras dificultades, veremos claramente que está ahí con nosotras en todo momento, sin permitir que caigamos, mostrándonos el camino a la redención.

Dios no permitirá que atravesemos más de lo que seamos capaces de manejar, pero no hemos de manejarlo solas. Él está con nosotras, de modo que no podemos fracasar. Si nuestras cargas parecen demasiado grandes para llevarlas, podría ser que estamos intentando utilizar nuestra propia fuerza en lugar de acudir a Dios.

¿De qué modo es un refugio tener una relación con Dios?

Atención, por favor

El que hizo el oído, ¿no oirá?
El que formó el ojo, ¿no verá?
SALMOS 94:9, RVR1960

Vivimos en una sociedad que está enchufada. Si entramos a cualquier sala de espera, ¿qué vemos? Si estamos esperando en cualquier fila, las personas están haciendo lo mismo. Intenta conversar con un adolescente en el auto o con un familiar sentado en el sofá, y pronto descubrirás que hay una larga distancia desde el planeta tierra hasta la atención de la otra persona. A pesar de cómo la tecnología constituye el mundo laboral, seguimos buscando una tarea insignificante para desconectar. Nos volvemos a conectar. Aquí llega aclararse la garganta y un repique de tambor. ¿Puede Dios tener nuestra atención, por favor?

Dios está atento. Él creó nuestros ojos y oídos. Cuán ridículo es entretener el pensamiento de que Él no ve o escucha lo que hacemos o decimos. Él es un Dios interactivo. Nos habla mediante su Palabra, su Espíritu y su iglesia. Se relaciona con nosotras; quiere una relación. El tiempo que pasamos desconectadas nos permite escuchar, relacionarnos y pensar. Nuestro cerebro necesita pausas para meditar y reflexionar durante el día. Nos beneficiamos de esperar sin distracciones. Cuando llega el final del día, deja de lado las distracciones. Dale a Dios la tranquilidad de tu mente. Detente y escucha. Puede que Él esté preguntando: "¿Puedo tener tu atención, por favor?".

¿De qué modo afecta la tecnología tu atención hacia Dios?

Gritos de alegría

Que gritemos de alegría cuando escuchemos
de tu triunfo y levantemos una bandera de victoria
en el nombre de nuestro Dios.
Que el SEÑOR conteste a todas tus oraciones.

SALMOS 20:5, NTV

A menudo oramos sin esperar mucho una respuesta, de modo que es bueno reconocer esos momentos en los que creemos que Dios ha respondido nuestras oraciones. Estas historias en la Escritura ayudan a edificar nuestra fe, y también lo hacen las historias de nuestras oraciones contestadas. Están ahí para ser compartidas.

Recibe aliento hoy para continuar presentando tus peticiones a Dios, sabiendo que Él escucha. Aunque puede que tengas oraciones y peticiones que todavía no han sido contestadas, sabes que algunas veces la respuesta es diferente de lo que esperabas. Continúa recordando y compartiendo historias de las veces en las que Dios ha respondido tus oraciones: ¡grita de alegría para que todos lo escuchen!

¿Qué oraciones ha contestado Dios para ti últimamente?
¿Has compartido ya esas historias con otras personas?

Demuestra tu amor

Ustedes, los que aman a Dios,
¡demuestren de su amor!
Nuestro Dios protege a los que merecen su confianza,
pero a los orgullosos les dar su merecido.

SALMOS 31:23, TLA

Ponemos todo nuestro corazón y nuestra alma en las personas, empleos o pasatiempos que más nos emocionan: los que más amamos. Nos impulsan de un modo que nos da energía; nos motivan e inspiran a dar lo mejor de nosotras. Estas pasiones puede ser nuestra tarjeta de reporte, dándonos elogios o críticas dependiendo de cómo lo estemos haciendo.

Con esa misma pasión deberíamos amar, alabar y servir al Señor. Nuestros mayores esfuerzos deberían estar dirigidos hacia nuestra relación con Jesús, Aquel que nos liberó de nuestra esclavitud, y persigue profundamente nuestro corazón.

¿Puedes dirigir tu esfuerzo hacia tu relación con Dios?
Él merece toda tu alabanza, tiempo y energía. Eres la mejor
versión de ti misma cuando tienes una relación con Él.
Él ayudará a guiar tu pasión y energía mediante su Espíritu.

Plumas y alas

Con sus plumas te cubrirá
y con sus alas te dará refugio.
Sus fieles promesas son tu armadura y protección.

SALMOS 91:4, NTV

Queremos correr y escondernos de muchas cosas en la vida, pensando que, si podemos correr, la dificultad seguramente ya no estará allí cuando decidamos regresar. Salimos corriendo debido al temor. Salimos corriendo debido al enojo. Salimos corriendo debido a la indiferencia. Corremos, esperando que alguien nos perseguirá, esperando que alguien nos buscará y nos encontrará.

Dios conoce. Él te conoce. Le importas. Significas algo para el Creador de tu vida. Él no está por encima de cualquier cosa que estés enfrentando hoy. Te dice que corras hacia Él y promete darte refugio y protección. Te promete que estará contigo en ese lugar y te dará su paz. Corre hacia Él.

¿Cómo ha sido Dios un refugio de todas las cosas de este mundo que te causan temor?

No es nuestro poder

Pero tenemos este tesoro en vasijas de barro para que se vea que tan sublime poder viene de Dios y no de nosotros.
2 CORINTIOS 4:7, NVI

Todas hemos oído una historia: una mamá muy delgada se detiene para mover un auto con su fuerza bruta, o derrota a un oso que se acerca para salvar a su hijo pequeño. Nos encanta la imagen del diminuto derrotando al poderoso. Solamente la mera desigualdad de la situación es lo que le hace ser tan atractiva; nos encanta hacer que lo imposible sea posible.

Cuando nos sentimos llamadas a hacer algo para Dios, nuestro primer instinto tal vez sea nuestra lista de defectos. Nos enfocamos en nuestra habilidad, nuestra fuerza, olvidando a Aquel que promete equiparnos con todo lo que necesitemos. Somos como la reina Ester, preguntándonos: ¿y si fracaso? El hecho de que pudiéramos fracasar fácilmente es lo que hace que sea una gran historia.

¿Te has sentido impulsada por Dios a hacer algo que parece imposible? ¿Y si lo único que tuvieras que hacer fuera estar de acuerdo en intentarlo? Quizá sueñas con lograr algo, pero no crees que podrías hacerlo. ¿Y si fue Él quien te dio ese sueño, y está esperando a que le pidas su ayuda?

Rendir sueños

Yo sé bien que tú lo puedes todo,
que no es posible frustrar ninguno de tus planes.
JOB 42:2, NVI

*E*s muy hermoso estar viviendo en sintonía con los propósitos de Dios. Y no solo un Dios, sino el Alfa y la Omega, el omnisciente, todopoderoso, el único Dios verdadero del universo. ¿Cómo podemos saber, sin embargo, que nuestros sueños y planes están alineados con sus propósitos? Cuando parecen ser frustrados en cada momento, ¿cómo podemos saber que estamos en consonancia con nuestro Dios que puede hacer todo?

En primer lugar, permanece en la Palabra. Aprende a estudiarla, y no dependas solamente de lo que otros te dicen sobre ella. Después, ora pidiendo sabiduría, y acepta la dirección. Si quieres poder escuchar la voz de Dios, debes obedecer en las cosas pequeñas. Por último, has de estar dispuesta a rendir tus sueños si Él te pide que lo hagas. Trabaja por tus sueños y metas en oración, rindiéndolos constantemente a sus pies. Cuando hayas hecho estas cosas y sientas la paz de estar en consonancia con sus propósitos, entonces verás áreas en las que Él te pide que des pasos de fe para completar esos propósitos.

¿Identificas alguno de estos pasos como uno que tal vez
necesitas dar en un sueño actual o una decisión en tu vida?

Bendecida con la paz

El Señor fortalece a su pueblo;
el Señor bendice a su pueblo con la paz.

SALMOS 29:11, NVI

¿Cuáles son los momentos más relajados de tu día o tu semana? ¿Es cuando sales a pasear o te sientas en el porche en la tarde? Podría ser ese primer momento al despertar cuando todo está tranquilo y en calma. La paz es una gran parte de la historia de la relajación, ya sea tener un espíritu tranquilo, un cuerpo calmado o una mente tranquila. Deseamos esos momentos en nuestro mundo cada vez más ocupado.

Antes de encarar los momentos ocupados, pide paz al Señor. Este salmo dice que Él fortalece y bendice con la paz. Confía en esa promesa, y bebe de ella hasta que te sientas equipada para el día que hay por delante.

¿Puedes dar gracias al Señor ahora mismo por este momento para aquietar tu corazón, tu mente y tu cuerpo? Acepta la bendición de la paz que Él ha prometido.

Todo con amor

Hagan todo con amor.
1 CORINTIOS 16:14, NVI

¿Qué pasa por tu mente cuando compras en el supermercado? ¿Y durante todo el tiempo de ejercicio? Mientras lees o ves televisión, ¿se dirigen tus pensamientos hacia el amor? Mientras lavas los platos, ¿hay amor en el modo en que enjuagas un vaso o cuando secas una olla?

Primera de Corintios contiene el mandamiento bastante extraordinario de hacer todo con amor. Todo. ¿Cómo se vería eso? ¿Cómo se agarra con amor un paquete de fresas, buscando las más rojas y jugosas? ¿Existe un modo amoroso de frotar la sartén sucia? Quizá no, pero sin duda alguna, podemos enfocar nuestras vidas cotidianas en un estado de amor, llenas de él, asegurando así que todo lo que hacemos será hecho con amor.

En lugar de considerar cómo aportar más amor a tus actividades, ora en este día pidiendo ser llena de amor a rebosar. De ahí, simplemente deja que fluya.

Pasos firmes

Guía mis pasos conforme a tu promesa;
no dejes que me dominen la iniquidad.
SALMOS 119:133, NVI

¿Cómo es caminar con tacones altos? Todo álbum familiar contiene una fotografía de una adorable niña pequeña intentando caminar con los zapatos de mamá, y toda mujer recuerda su primer intento tan inestable de parecer elegante usando ese par de tacones. ¿Cómo logró ella que se viera tan fácil, tan elegante? La mayoría de nosotras tenemos un recuerdo de un tropezón no tan elegante, o incluso de una torcedura de tobillo; sin embargo, en cierto modo los tacones altos retienen su atractivo. ¿Quién no se ha apoyado en el brazo firme de un acompañante o compañero que llevaba zapatos más cómodos?

Caminar con Jesús se parece un poco a aprender a caminar con tacones altos. Otros hacen que parezca muy fácil, deslizándose aparentemente sin esfuerzo, mientras que nosotras nos sentimos inseguras, con tendencia a tropezar en cualquier momento. ¿Daremos un paso en falso? ¿Nos caeremos de bruces al piso? (¿Le duelen los pies a otra persona?). Apóyate en el brazo fuerte del Salvador; permite que Él te afirme y dirija tus pasos.

¿En qué aspecto de tu caminar sientes más firmeza y seguridad? ¿En cuál menos? Comparte tu confianza y tus preocupaciones con el Salvador, e invítalo a que te dirija en ambos.

Imposible

He aquí que yo hago cosa nueva;
pronto saldrá a la luz; ¿no la conoceréis?
Otra vez abriré camino en el desierto,
y ríos en la soledad.

ISAÍAS 43:19, RVR1960

¿Qué te parece imposible hoy? ¿A qué has renunciado, de qué te has alejado o lo has descartado como absurdo? ¿Qué sueños has dejado morir simplemente porque sentiste que eran inalcanzables? Tal vez nuestros sueños, aunque parezcan muy lejanos, fueron puestos en nuestros corazones con un propósito; y no se verán exactamente del modo en que siempre pensamos que serían, pero tal vez se cumplirán de un modo nuevo. Puede que las cosas que parecen insuperables para nosotras serán vencidas fácilmente cuando cambiemos de perspectiva y las veamos de modo diferente.

Sirves a un Dios que es lo bastante poderoso para hacer que aparezca un camino en un desierto vacío y crear una corriente de agua que da vida en mitad de un páramo. Él es más que capaz de tomar las situaciones más imposibles y proporcionar claridad, dirección, y los medios para poder lograrlo.

¿Puedes confiar a Dios tus imposibilidades
y confiar en su fuerza para tu debilidad?

Escogida y llamada

Pero Moisés rogó al Señor: Oh, SEÑOR, no tengo facilidad de palabra;
nunca la tuve, ni siquiera ahora que tú me has hablado.
Se me traba la lengua y se me enredan las palabras.
ÉXODO 4:10, NTV

Cuando Dios nos pide que hagamos algo, nuestro primer instinto es con frecuencia mirar alrededor a quien sentimos que podría hacerlo mejor. Nos preguntamos por qué Dios no escogió a esa persona, que, ante nuestros ojos, claramente está más calificada que nosotras. Dios podría haber escogido a cualquier otro para que fuera su vocero y su líder para la obra increíble que hizo con los israelitas. Él escogió a Moisés. Conocía las fortalezas y debilidades de Moisés antes de llamarlo; y aun así, escogió a Moisés.

¿Sientes alguna vez que Dios no debería haberte escogido para algo? ¿Crees que habría sido más inteligente por su parte escoger a otra persona que sea más creativa, más inteligente o más elocuente? Tal vez no entiendas por qué Dios te escogió a ti para cierta tarea, pero puedes confiar en que, cuando te llama a hacer algo, es porque sabe que no solo eres capaz, sino que también eres la persona que Él quiere para la tarea.

*¿Por qué algunas veces batallas para creer
que Dios te ha escogido para algo especial?*

Él perdona

Guarda también a tu siervo
de pecados de soberbia;
que no se enseñoreen de mí.
Entonces seré íntegro,
y seré absuelto de gran transgresión.

SALMOS 19:13, LBLA

Cuando Jesús colgaba de la cruz, había dos ladrones que colgaban a su lado. Uno de esos ladrones, mientras estaba en los últimos momentos de su vida, pidió a Jesús gracia y una segunda oportunidad. Ese ladrón, minutos antes de la muerte, recibió perdón y vida eterna. Ese mismo día entró en el paraíso como un hombre perdonado y limpio.

A la luz de su historia, ¿cómo podemos decir alguna vez que es demasiado tarde para darle la vuelta a todo? Recuerda que la misericordia y el perdón de Dios nos esperan a cada una de nosotras cada mañana.

¿Puedes confiar en ese perdón hoy
y pedir una sensación de propósito renovada?

La imagen de Cristo

Así, todos nosotros, que con el rostro descubierto reflejamos como en un espejo la gloria del Señor, somos transformados a su semejanza con más y más gloria por la acción del Señor, que es el Espíritu.

2 CORINTIOS 3:18, NVI

Cuando Moisés estaba en la presencia del Señor, su rostro resplandecía con un brillo tan puro que era insoportable para los otros israelitas que se habían endurecido en su pecado. De modo similar, el Señor quiere que nosotras seamos su reflejo ante el mundo. La luz ilumina lugares oscuros y a menudo es incómoda para las personas que quieren ocultarse.

El Señor examina cada corazón escondido, y Él ha decidido usarnos brillando por medio de nosotras. El modo en que contemplamos la gloria de Dios no es mediante buenas obras o el estudio, sino cuando Dios quita el velo que nos separa y hace brillar su rostro sobre nosotras.

¿Cómo ves la luz de Dios brillando en ti y por medio de ti?

Confianza

El chismoso traiciona la confianza;
no te juntes con la gente que habla de más.

PROVERBIOS 20:19, NVI

Cuando alguien confía en nosotras, romper esa confianza es una brecha de confianza. Siempre hay excepciones cuando la seguridad está en cuestión, pero si el motivo de nuestro corazón es egoísta, es una señal reveladora de que deberíamos mantener el silencio. Los secretos de otras personas nunca han de ser una herramienta para destacar nuestra propia reputación.

Nuestro carácter delante del Señor debería importarnos mucho más que nuestra posición ante los demás. Debiéramos esforzarnos por ser mujeres de confianza y discreción. Otros deberían sentirse seguros y cuidados cuando comparten voluntariamente sus secretos con nosotras.

¿Te considerarías a ti misma una persona fiable
con la información que te dijeron en confianza?

El peso de la gracia

Caín respondió al SEÑOR:
—¡Mi castigo es demasiado grande para soportarlo! [...] El SEÑOR
respondió: —No, porque yo castigaré siete veces a cualquiera que te mate.
Entonces el SEÑOR le puso una marca a Caín como advertencia para
cualquiera que intentara matarlo.

GÉNESIS 4:13-15, NTV

Cuando las noticias muestran la historia de un hombre que mató a otro hombre a sangre fría, nuestro corazón se agita en nuestro interior. Sentimos enojo, casi nos abruma la injusticia de lo que estamos escuchando. Esperamos oír cuál es el castigo. ¿Y si el juez diera un golpe con su mazo y anunciara que el asesino no sería condenado, y que sería protegido por el tribunal? Eso no parecería justo, ¿cierto?

Caín ofreció a Dios un sacrificio inaceptable, asesinó a su hermano inocente por celos, y mintió sobre la muerte de su hermano. Aunque Dios estaba enojado por el pecado de Caín, le mostró una gracia notable, gracia en forma de una marca de protección indeleble. Este es el peso de la gracia: una gracia tan vasta, tan global, que incluso el asesino más terrible está cubierto por el amor y la misericordia de Dios. Y es tuya también en este día.

¿Puedes aceptar la misericordia de Dios hoy?

Las recompensas del compañerismo

Porque donde están dos o tres congregados en mi nombre,
allí estoy yo en medio de ellos.
MATEO 18:20, RVR1960

¿Cuándo fue la última vez que te sentiste espiritualmente renovada por la conversación o la oración con otros cristianos? A veces, asistir a la iglesia, a un grupo de mujeres o a un estudio bíblico parece tan solo una cosa más que añadir a tu lista de quehaceres.

Dios es un Dios relacional. Él sabe que nos necesitamos unos a otros, y que la vida es mejor en comunidad. Como cristiana, es especialmente importante compartir tiempo con otros creyentes. Cuando hacemos tiempo para orar juntos, estudiar la Biblia juntos y compartir nuestras historias de fe, podemos ser apoyadas, animadas y fortalecidas.

¿Te estás dando a ti misma una oportunidad de ser edificada
por otros creyentes o ser alentada por quienes te rodean?
Recuerda que Dios promete estar contigo cuando estás reunida
con otros en su nombre. Busca activamente su presencia
con otros, y experimenta las abundantes recompensas
del compañerismo.

Segura y firme

Me hace andar tan seguro como un ciervo
para que pueda pararme en las alturas de las montañas.
SALMOS 18:33, NTV

Cuando transitamos el camino de Dios, podemos andar tan seguras como un ciervo porque no cuestionaremos la integridad de nuestros pasos. Incluso en una montaña alta, no tenemos por qué temer porque sabemos que el Señor nos está guiando.

Dios ha entrenado nuestras manos y nuestros pies para operar de acuerdo a su voluntad, y por eso cualquier cosa que salga a nuestro encuentro sabemos que tenemos la fuerza para enfrentarla. Él es el brío en nuestros pasos. Podemos tener confianza porque Él es nuestro guía diligente y experimentamos mucho gozo cuando lo seguimos a Él. Dios nos hace estar seguras y firmes, capaces de enfrentar cualquier cosa que intente distraernos de buscarlo a Él.

Cuando transitas en el camino perfecto de Dios,
¿significa que no enfrentarás problemas?
¿Por qué te da Dios fuerza y entrena tus manos
para la batalla?

La mesa

En esa misma región había unos pastores que pasaban la noche en el campo, turnándose para cuidar sus rebaños. Sucedió que un ángel del Señor se les apareció. La gloria del Señor los envolvió en su luz.

LUCAS 2:8-10, NVI

La época de Navidad es como ninguna otra. Te invitan a fiestas de Navidad en las que te vistes con ropa elegante y preparas tu aperitivo favorito. Puedes acurrucarte en el sofá y beber chocolate caliente mientras miras viejos clásicos a la vez que las luces de tu árbol de Navidad brillan a tus espaldas. Puedes juntarte con amigas que están en distintas etapas de la vida y pasar una noche memorable de risas y diversión. El periodo se siente casi como mágico.

Una de las mejores experiencias en esta época del año se produce en torno a la mesa. Sucede algo hermoso cuando amigos y familiares se reúnen para compartir una comida deliciosa. Las conversaciones pueden conducir casi a cualquier lugar. La belleza de la época navideña se descubre en sonrisas, risas y recuerdos llenos de alegría.

En esta época, ¿hay un momento en que puedes reunir a seres queridos y tener una noche llena de risas?

Noticias estupendas

Hoy les ha nacido en la Ciudad de David
un Salvador, que es Cristo el Señor.
LUCAS 2:11, NVI

Cuando el cielo toca la tierra, algo va a cambiar. Pastores que estaban en los campos fueron testigos de ángeles que descendían, y se llenaron de gran temor. ¿Por qué? Porque nosotros no somos santos y dignos por propia voluntad de mirar o estar en la presencia del Santo. No somos sin pecado, y algo dentro de nosotras sabe que no tenemos derecho a estar delante de Aquel que es perfectamente santo.

Los ángeles exhortaron a los pastores que no tuvieran temor. Ellos tenían noticias estupendas que darían alegría al mundo entero. Jesús, Dios y hombre, el único sin pecado, nos haría santos para que pudiéramos estar delante de Dios y sentir el gozo profundo de su presencia. ¡Qué alivio! Ya no tenemos que tener miedo, porque Jesús ha erradicado la necesidad de sentir vergüenza.

¿Cómo puedes acercarte a otros con el favor,
el amor y la gracia que Jesús te ha dado?

Al mundo paz

¡Que el mar y todo lo que contiene le exclamen alabanzas!
¡Que se le unan la tierra y todas sus criaturas vivientes!

SALMOS 98:7, NTV

¡Al mundo paz, nació Jesús! Cuando Jesús nació en aquel pesebre, no solo trajo paz a las personas de su época que supieron que Él era el Salvador, sino que también trajo paz al mundo entero.

Celebramos porque sabemos el significado de que Jesús nació como humano, entró en nuestra existencia, y mostró lo que significa estar plenamente vivo. La restauración que Jesucristo produce es algo que se extenderá a todas las cosas vivientes, y por eso en este día podemos tener paz, pues sabemos que hay esperanza para toda su creación. Celebra esta esperanza a la vez que celebras este día.

¿Cómo puedes expresar la paz hoy mientras celebras
el nacimiento de Jesús?

La voz del amor

Todos los que el Padre me da vendrán a mí;
y al que a mí viene, no lo rechazo.

JUAN 6:37, NVI

Cuando vivimos para agradar a otras voces, rápidamente nos cansaremos y desalentaremos. Las expectativas de otras personas para cómo deberíamos vivir, actuar y ser son a veces inalcanzables. Hay una sola voz que importa, y puede llegar de diversas formas: la voz de Dios.

Lo que Dios nos dijo es que somos amadas, somos atesoradas, y tenemos un valor importante. Somos sus amadas, sus hijas, su creación hermosa. Esta es la voz que importa. Esta es la voz que escuchamos cuando sentimos que no somos suficientes.

¿Cuáles son las voces que normalmente escuchas?
¿Puedes ignorarlas y enfocarte solo en la voz que importa?
Él te alentará y te recordará que eres suficiente.
Nada que hagas o dejes de hacer, hará que Él te ame más
o te ame menos. Enfócate en eso, para que puedas ahogar
todas las otras voces.

Una palabra de aliento

La preocupación agobia a la persona;
una palabra de aliento la anima.
PROVERBIOS 12:25, NTV

Cuando la preocupación se apodera de nosotras, recordar la verdad puede ofrecer un gran alivio. Una amiga verdadera da aliento y alegría, ayudando a la persona preocupada a aligerar sus cargas. La preocupación es como un peso que nos agobia. Imagina los posibles resultados negativos y se fija en los fracasos; la preocupación olvida la fidelidad del Señor y renuncia a su ayuda.

Simplemente ofreciendo una palabra de aliento, tenemos la capacidad de afirmar a otros y restaurar su esperanza. Tal vez parezca que las palabras no tienen mucho peso, pero tienen el poder de quebrar a alguien o edificarlo. Deberíamos esforzarnos por ser responsables y amorosas en el modo en que usamos nuestras palabras.

¿Cómo sabes qué decir a alguien en su preocupación?
¿Cuál es un ejemplo de una palabra alentadora?

En las bandas

El Señor de los Ejércitos Celestiales está entre nosotros;
el Dios de Israel es nuestra fortaleza.

SALMOS 46:7, NTV

Cuando estás viendo jugar a tu equipo deportivo favorito, participas plenamente en lo que está sucediendo con cada jugador y cada jugada. Todos en el otro equipo, ya sean jugadores o espectadores, parecen el enemigo. Es bueno ser parte de un equipo y animarlo incluso cuando estás en las bandas.

La próxima vez que sientas que alguien en tu comunidad, en tu círculo de amistades o en tu familia está comenzando a enfrentar un tiempo difícil, asegúrate de pasar algún tiempo invirtiendo en animarlos y alentarlos a ponerse en pie y seguir adelante.

*¿Cómo puedes animar a alguien
en tu comunidad con palabra o acciones hoy?*

Dones espirituales

> Dios, de su gran variedad de dones espirituales,
> les ha dado un don a cada uno de ustedes.
> Úsenlos bien para servirse los unos a los otros.
>
> 1 Pedro 4:10, NTV

Cuando ves tocar a una orquesta, observarás que hay diversos instrumentos. Los violines tocan suavemente. Los instrumentos de viento, todos listos para explotar de triunfo. Flautas y clarinetes que te transportan firmemente, la percusión que puede ser tan sutil como un triángulo o tan monumental como los címbalos cuando chocan. Del mismo modo, se nos han dado diversos dones a cada una de nosotras. Tu don no será el mismo o tocará igual que los dones de otros. Así como los instrumentos son todos ellos distintos, así también puede ser la música que interpretan.

No puedes avergonzarte de la fuerza y valentía que puede mostrar tu címbalo al chocar, o de la solemne importancia que aporta tu firme ritmo del tambor. Cada una de nosotras tiene un don que usar, y no podemos perder nuestro tiempo pensando si quienes nos rodean piensan que nuestro don es digno, apropiado o importante. Usa tu don para unirte en armonía a la música que el cuerpo de Cristo está tocando para la gloria de Dios. Cada golpe, cada nota suave, cada rasgueo de las cuerdas tienen su lugar. Sirve a Dios con valentía con tus dones hoy.

¿De qué modo puedes descubrir tu don y usarlo al máximo?

Preservada con integridad

Que la integridad y la honestidad me protejan,
porque en ti pongo mi esperanza.
SALMOS 25:21, NTV

Cuando piensas en grandes líderes que han soportado la prueba del tiempo, ¿qué es lo que realmente los define? Un buen líder tiene integridad. Puede soportar todo tipo de dificultades porque en medio de ellas es preservado por el hecho mismo de que no puede ser culpable de inmoralidad o injusticia. Tal vez no nos gustan algunas de las características o los rasgos de personalidad de ciertos líderes, pero si han demostrado una y otra vez que son personas que cumplen su palabra, seguirán prosperando.

Este versículo atestigua del principio de que ser una persona de integridad preservará tu vida y te guardará de todo tipo de acusaciones. Si hoy eres tentada a desviarte, recuerda esperar en el Señor para que te rescate.

¿Por quién puedes dar gracias en tu vida
que te modeló un carácter de integridad?

Descalificada

Aunque un ejército poderoso me rodee,
mi corazón no temerá.
Aunque me ataquen, permaneceré confiado.

SALMOS 27:3, NTV

Ya sea trayendo a casa a tu bebé recién nacido del hospital, dando tu primera gran presentación en el trabajo, o simplemente organizando tu primera gran cena para tus invitados, probablemente haya habido al menos un momento en tu vida en el que pensaste: *No tengo ni idea de lo que estoy haciendo. No estoy calificada.*

¿Qué hiciste? ¡Probablemente no tenías otra opción sino la de hacerlo! Deja que tu confianza en la habilidad de Dios te impulse hoy. Te sentirás mucho más calmada cuando entiendas que en este día no tienes que hacer las cosas en tus propias fuerzas. El Señor es quien reparte las calificaciones, y lo único que necesitas hacer es pedir su ayuda.

Al entrar en un nuevo año, ¿cómo puedes decidir pedir ayuda a Dios y recordar que no estás sola?